Margaret Reinhold wurde in Südafrika geboren und studierte Medizin, bevor sie nach London ging und sich in Neurologie und Psychiatrie spezialisierte. Viele Jahre war sie als Psychotherapeutin in London tätig und verbrachte die Wochenenden in ihrem Landhaus in Hampshire.
1986 beschloß sie, sich in der Provence niederzulassen, wo sie immer noch lebt.
Sie hat zahlreiche Artikel in wissenschaftlichen Zeitschriften veröffentlicht und auch für Cosmopolitan geschrieben.
Als Knaur-Taschenbuch erschien ebenfalls ihr Katzenbuch »Zärtliche Vagabunden.«

Dieses Buch wurde auf chlor- und säurefreiem Papier gedruckt.

Deutsche Erstausgabe August 1996
© 1996 für die deutschsprachige Ausgabe
Droemersche Verlagsanstalt Th. Knaur Nachf., München
Das Werk einschließlich aller seiner Teile ist urheberrechtlich
geschützt. Jede Verwertung außerhalb der engen Grenzen des
Urheberrechtsgesetzes ist ohne Zustimmung des Verlages
unzulässig und strafbar.Das gilt insbesondere für Ver-
vielfältigungen, Übersetzungen, Mikroverfilmungen und die
Einspeicherung und Verarbeitung in elektronischen Systemen.
Titel der Originalausgabe »Watchers in the Sun«
Copyright © 1994 by Margaret Reinhold
Originalverlag Souvenir Press Ltd., London
Umschlaggestaltung Agentur Zero, München
Umschlagfoto The Image Bank, München
Satz QuarkXPress im Verlag
Druck und Bindung Ebner, Ulm
Printed in Germany
ISBN 3-426-60414-0

5 4 3 2 1

Margaret Reinhold

Verspielte Räuber

 Neues von meinen provenzalischen Katzen

Aus dem Englischen von Christine Steffen-Reimann

Mit zahlreichen Schwarzweißfotos

Für William und Nora

Mein aufrichtiger Dank an Françoise van Naeltwijck und Claire McDonald für ihre große Hilfe beim Tippen des Textes

1

Irgendwo im Haus, tief in der Nacht, jaulte eine Katze, ein wilder, gewaltiger Schrei, der mich in meinen Träumen vor Angst erschaudern ließ. Der Schrei wiederholte sich – wieder und wieder.

Ich erwachte. Durch das Fenster sah ich den provenzalischen Mond am Himmel stehen, einen großen Mond, der Rechtecke aus hellem Licht auf den Fliesenboden warf.

Wieder der Schrei, und diesmal stimmte eine andere Katzenstimme mit einem lauten, klagenden Protest ein – zwei Katzen, die sich stritten. Die Geräusche erreichten ein Crescendo aus Wut und Kummer. Ich mußte herausfinden, was los war.

Drei Uhr morgens. Eine trostlose, einsame Stunde in einer Winternacht in der Provence. Es überraschte mich nicht, Monsieur le Gris, die größte Katze des Hauses, oben an der Treppe vorzufinden; er stand einem fremden, stämmigen grauen Kater gegenüber, den ich noch nie gesehen hatte.

Als Verteidiger seines Gebietes nahm le Gris seine Pflichten sehr ernst. Im Licht meiner Taschenlampe sah ich, daß jedes Haar an seinem Körper aufgestellt war, und seine gelben Augen funkelten, während er fauchte, quiekte und jaulte. Dann traf der Strahl der Taschenlampe die strahlend blauen Augen des Eindringlings. Er schlich sich schnell und leise die

Treppe hinunter und verschmolz mit der Dunkelheit – er war durch das Katzenfenster hinausgesprungen.
Monsieur le Gris wollte ihm schon hinterherstürmen, doch ich beruhigte ihn und hielt ihn zurück. Es habe keinen Sinn, sich in dieser eisigen Nacht auf eine nutzlose Jagd zu begeben. Durch das Fenster sah ich hinunter in den mondbeschienenen Garten, der in dem hellen Licht schwarz-weiß wirkte. Keine Spur von dem fremden Kater. Er war fort. Den ganzen Tag hatte der Mistral im Tal der Rhône gewütet, hatte in den kahlen Ästen der großen Bäume rund ums Haus geheult. Mit Anbruch der Nacht hatte sich der Wind gelegt und Stille, Ruhe und Frost zurückgelassen. Dies war eine Nacht, in der alle Katzen des Hauses, so hoffte ich jedenfalls, lieber drinnen schliefen.
Sie stritten sich um Plätze auf den Heizkörpern. Die geschicktesten, nicht unbedingt die mutigsten gewannen. Ich nannte sie beim Namen, während ich nach jedem auf seinem oder ihrem Schlafplatz suchte. Sie wechselten gerne, tauschten Plätze und liefen im Haus herum, wie es alle Katzen tun.
Monsieur le Gris ließ sich meistens in der Küche nieder, wo er das Katzenfenster überwachen konnte. Mit seiner großen Kraft und seinem stämmigen Körper konnte er es mit jeder eindringenden Katze aufnehmen, doch diese Besucherkatzen, die oft furchtbar hungrig waren oder einen Unterschlupf brauchten, boten ihm manchmal die Stirn. Le Gris sah sich in der unangenehmen Rolle des Führers der Katzengemeinschaft im Mas des Chats. Doch tief in seinem Herzen wußte er, daß Nero, der stolze schwarze Kater, in Wahrheit die Chefkatze war. Manchmal schubste ihn Monsieur le Gris und versuchte, ihn zu hetzen, doch Nero reagierte nur mit Ruhe und würdiger Herablassung. Nero wurde nun alt und ließ sich nicht mehr in Auseinandersetzungen mit Fremden verwickeln. Er stand lie-

Monsieur le Gris sah sich mit Unbehagen als den Anführer der Katzengemeinschaft von Mas des Chats, doch in Wirklichkeit wußte er, daß Nero die Oberkatze war.

ber als Zuschauer abseits. In dieser Nacht hatte er sich in seinem Schlaf auf einer Matte neben der Eßzimmertür kaum gerührt.
Baby war in der Küche. Sie hatte sich rettungslos und besessen Monsieur le Gris angeschlossen, folgte ihm überall hin und schlief, wenn möglich, in seiner unmittelbaren Nähe. Der muntere Ödipus, der einzige nicht kastrierte Kater, schlief erschöpft in einem Gewirr aus langen grauen Gliedern auf einem Stuhl unter dem Eßzimmertisch. Er war den ganzen Tag und die halbe Nacht auf einer wilden Mission gewesen und ausgehungert und erschöpft zurückgekommen, kurz bevor ich schlafen gegangen war.

Seine sanfte Mutter Hélène lag oben auf einem Heizkörper im Schlafzimmer.

In einem anderen Zimmer war die wunderbare Katy, eine unverbesserliche Vagabundin und ein Gassenkind. Die letzte war Lily, die englische Katze, die vor Jahren mit mir aus Hampshire gekommen war. Sie war immer noch von unvergänglicher Schönheit mit ihrem strahlendweißen Fell und ihren topasfarbenen Augen und hatte sich aus dem umtriebigen Leben im Mas zurückgezogen. Sie lebte oben, eine ruhige Witwe, die für sich blieb und glücklich war mit ihrem Futternapf, ihrem Katzenklo und den Büscheln jungen Grases, das ich ihr zum Knabbern pflückte, und mit ihren Erinnerungen. Baby, Katy, Hélène, Ödipus, Monsieur le Gris, Nero und Lily. Ich zählte sie ab, wie man Perlen an einer Kette zählt, und sah auf zu den Sternen, die blaß im Schein des Mondes wirkten. Ich ging zurück in mein Zimmer, gefolgt von Monsieur le Gris, der den Schwanz aufgestellt hatte und auf seinem feinen Gesicht einen selbstgefälligen Ausdruck trug, ein Kater, der das Gefühl hatte, wie ein tapferer Soldat für sein Land gekämpft zu haben, und eine Belohnung verdiente. Ich gab ihm ein paar Katzenleckerlis, die er zufrieden fraß. Er sprang auf mein Bett, wobei er vorsichtig Caramel mied, den kleinen Hund, der schon in einer Ecke lag. Caramel konnte zuschnappen, wenn man ihn zu sehr ärgerte. Sie legten sich hin, und ich schlief wieder ein.

2

Mein Haus in der Provence war ein altes Bauernhaus aus Stein – ein *mas* –, das zwischen brachliegenden Feldern und Zypressen verborgen lag, nicht weit von einer Stadt, in der die Römer und deren Vorfahren gelebt hatten, in Saint-Rémy-de-Provence. Ich hatte mich entschlossen, mich in Frankreich, im Süden und in der Sonne niederzulassen, als ich vor sieben Jahren meine Arztpraxis in London aufgegeben hatte. Zuerst hatte ich mir vorgestellt, ich würde ein Haus finden wie jene, an die ich mich aus meiner Kindheit am Kap der Guten Hoffnung erinnerte – ein Haus, das allein am Rand des Meeres stand, von der Sonne gebleicht und gekühlt von den Winden, die übers Meer kamen, wo die Luft nach Salz und warmer Vegetation roch, die am Rande eines Strandes mit weichem weißen Sand wuchs. Doch sobald ich anfing zu suchen, wußte ich, daß ich mich anders entscheiden mußte.
Ich suchte an verschiedenen Orten entlang der Mittelmeerküste und ein paar Meilen im Landesinneren.
Zuerst besuchte ich die Côte d'Azur, wo das Klima im Frühling Mimosen im Garten wachsen läßt. Der Makler, ein kleiner, ruhiger Mann, fuhr mich von Haus zu Haus. Die Gebäude, die er mir zeigte, waren alle schrecklich – es war unmöglich, sich vorzustellen, darin zu leben –, vielleicht weil ich mir nur

einen relativ bescheidenen Preis leisten konnte. Der Makler ermutigte mich dazu, eines von ihnen auszuwählen. Ohne zu klagen, zeigte er mir andere.
Am Abend, als ich ihn verließ, sagte ich: »morgen werde ich mir dann den Rest auf Ihrer Liste ansehen.«
»Nicht morgen«, erwiderte er, »morgen gehe ich nicht aus meinem Büro raus.« Als er mein erstauntes Gesicht bemerkte, fügte er hinzu: »Morgen faste ich.«
Ich war bestürzt.
»Ich hoffe, Sie sind nicht krank. Es tut mir leid, wenn ich Sie habe herumfahren lassen und es geht Ihnen nicht gut ...«
»Nein, nein! Mir geht es gut. Ich faste jede Woche einen Tag lang.«
Und als ich nichts sagte, fügte er mit einem Unterton, den man schwer interpretieren konnte, hinzu: »Ich tue es, um an all die Menschen auf der Welt zu erinnern, die Hunger leiden müssen.«
Ich habe seinen Hungertag nie vergessen, ich dachte darüber nach und empfand Sympathie und Zuneigung für diesen ruhigen Mann. An der Côte d'Azur wohnen einige der reichsten Menschen der Welt. Vielleicht war das Fasten seine Art, mit Schuldgefühlen umzugehen – oder mit dem Mangel an Schuldgefühlen bei seinen Kunden.
Am Tag nach seiner Fastenkur fuhren wir wieder umher, um noch mehr unmögliche Häuser anzusehen. Das Auto kroch bei dichtem Verkehr enge Straßen hinauf und hinunter. Es war Frühling und noch keine Feriensaison.
Bei einer längeren Stockung sagte er: »Sie merken wohl, daß Sie im Juli und August nicht hierbleiben können. Während dieser Monate müssen Sie wegfahren. Es ist dann unerträglich hier.«
Ich bin sicher, daß das stimmte.

Am nächsten Tag suchte ich anderswo nach einem Haus, obwohl in jedem Garten Mimosen blühten.

Ich suchte nun in den östlichen Pyrenäen, nicht weit weg vom Meer. Dort erfüllen die Schneefelder des Mont Canigou den Himmel. Grüne Täler und große Höhe verschwinden plötzlich und machen einer schimmernden Ebene Platz, die sich bis zur Küste erstreckt.

Der junge Makler erzählte mir, daß er in einer kleinen Stadt, Amélie-les-Bains, geboren und aufgewachsen sei, die unter dem Canigou liegt. Er war für eine Zeitlang nach Afrika gegangen, doch seine Sehnsucht nach den Bergen hatte ihn zurückgebracht. Am Tag, als er heimkehrte und den Mont Canigou wiedersah, hatte er vor Freude geweint.

Ich wohnte in Amélie-les-Bains, einem hübschen Kurort, in einem zauberhaften Hotel, in dem fast jeder Gast, der auf Kur war, zum Essen einen Hund mit in den Speisesaal brachte. In der Nähe fand man am Bergabhang ein Schild, das die Einwohner zu Ehren ihres geliebten Bürgermeisters aufgestellt hatten, der von den *barbares Nazis* ermordet worden war.

Ich konnte die Gefühle des Maklers begreifen. Die Schönheit dieser Berge und Täler senkt sich tief in das Herz eines Menschen. Doch ich fand die Häuser und Dörfer zu abgelegen, und die engen Straßen schlängelten sich hoch und wurden wahrscheinlich im Winter durch Schnee blockiert.

Ich würde es anderswo versuchen.

In jenem Herbst sah ich in England in einer Zeitung eine Anzeige für Häuser in der Provence, die ein Makler aus Saint-Rémy-de-Provence aufgegeben hatte.

Ich antwortete darauf, schaute es mir an, und dort fand ich mein Mas.

»Hier in der Provence sagen wir *mas*«, erklärte der Makler und sprach dabei das »s« aus. »Die Leute aus Paris sagen *mah!*«

Ihm gefiel wohl der Laut, den er mit »mah« machte, denn er wiederholte das Wort nachdenklich ein paarmal.

Es war ein schwerer Entschluß für mich, England zu verlassen. Ich hatte ein Haus in den Hügeln von Hampshire in Ashford, ein Haus, das ich sehr liebte, zwischen Kornfeldern und Buchenwäldern. Es lag ganz allein und ein wenig abseits. Nachts besuchten die Tiere des Waldes den Garten – Füchse und Dachse, die auf der Suche nach Nahrung hin und her liefen –, und tagsüber war der Garten voller Vögel.
Zwei sehr englische Katzen, Rosie und Lily, teilten dieses Haus mit mir – und liebten es auch. Es hatte auch noch eine dritte Katze gegeben, Mews, den ich verlassen und krank in den Straßen von London gefunden hatte. Ich hatte ihn gerettet und gepflegt, und der schöne Kater wurde auch mit in das Haus nach Hampshire gebracht. Rosie und Lily wurden als kleine Kätzchen adoptiert, um seine Gefährtinnen zu werden. Mews war Lilys große Liebe. Er wurde krank und starb zu meinem und ihrem großen Kummer, kurz bevor wir nach Frankreich zogen.
Als ich umzog, nahm ich Rosie und Lily mit. Für mich sollte Frankreich ein neuer Anfang sein, eine Tür, die sich zu frischen Wäldern öffnete ... Die Katzen, so hoffte ich, würden sich an ein fremdes Land und ein anderes Klima gewöhnen –, und schließlich taten sie das auch.
Das Haus in der Provence war von großer Schönheit, eine Schönheit, die strenger und stärker war als die des hübschen Hauses in England. Die Landschaft, die es umgab, erregte immer wieder die Sinne. Nicht weit weg, im Süden, zeichneten sich die seltsamen und bewegenden Umrisse der felsi-

Rund um das Haus war eine Landschaft, die immer wieder die Sinne erregte.

gen Alpilles ab, blaue, kiefernbestandene Hügel, die der letzte Außenposten der Alpen sind. Zwischen dem Bauernhaus und den Hügeln lagen Gehöfte, und jedes wurde vor dem Mistral durch große Hecken aus Zypressen und hohe Pappeln geschützt.

Und es gab Olivenhaine und Obstgärten mit Pfirsich- und Aprikosenbäumen und einen Kanal, der die Gräben speiste, die jedes Feld umgeben – wie auch den kleinen, schattigen Garten meines Bauernhauses und den Weinberg. Zu Anfang waren Rosie, Lily und ich unruhige Exilanten, aber allmählich gewöhnten wir uns ein, und Rosie und Lily wurden vertraut mit ihrem Gebiet. Sie begriffen die Grenzen des Gartens mit seinen Bäumen und alten Mauern, wo Eidechsen in der Sonne gejagt werden konnten. Sie waren fasziniert von dem grünen

Swimmingpool. Sie genossen es, im Weinberg umherzuspazieren. Rosie, die mutiger war als Lily, suchte die Gegend nach Mäusen ab.

Nach einer Weile liebte ich das Haus in der Provence so, wie ich das Haus in England geliebt hatte.

Die sieben Jahre vergingen schnell. Es waren leichte und strahlende Jahre voll der Intensität, die das Leben in der Provence mit sich bringt – leuchtende Jahre, die die Erinnerungen an England in meinem Gedächtnis wolkenlos und lebhaft bleiben ließen.

Und es waren Jahre, in denen sich Rosie, Lily und mir eine Anzahl französischer Katzen anschlossen, provenzalische Katzen, von denen einige sich schließlich endgültig häuslich bei uns niederließen.

Die französischen Katzen tauchten eine nach der anderen auf, kamen ins Bauernhaus auf der Suche nach Nahrung und Unterkunft. Sie waren verlassen worden oder hatten sich verirrt, waren schlecht behandelt worden und waren immer hungrig.

Als ich erkannte, daß es in den Hügeln und Feldern um das Haus hungrige Tiere gab, stellte ich abends eine große Schüssel Futter neben den Wassergraben. Die hungrigen Katzen kamen zum Fressen, und ein paar, die Abend für Abend erschienen, konnte man nun auch, scheu, aber tapfer, genauso tagsüber wie in der Dunkelheit sehen. Nach einer gewissen Zeit wagten sich einige von ihnen ins Haus.

So kam Hélène, das junge, elegante schwarz-weiße Wesen, das in den Hügeln über dem Mas zwei Kätzchen zur Welt brachte. Wir nannten die Kätzchen Ödipus und Emilie – Ödipus, weil er auch als Erwachsener noch so sehr mit seiner Mutter verbunden zu sein schien. Hélène brachte ihre beiden Jungen herunter ins Mas, als sie den Eindruck hatte, sie seien alt

Schließlich lebten alle Katzenmitglieder des Haushalts mehr oder weniger freundschaftlich miteinander.

genug, und ließ sich in einem Gästezimmer nieder, das zur Terrasse hinausführte.

Dann war da Maman, eine gutmütige ältere Katze, die mitten im Winter mit ihrem jungen Kätzchen ankam, das wir Baby nannten. Die beiden waren unzertrennlich, ein zurückhaltendes und bezauberndes Paar.

Dann gab es noch Nero, das große, edle schwarze Tier, das zum Anführer der Hauskatzen wurde.

Und es gab Monsieur le Gris, den grau-weißen Kater mit dem beeindruckenden Äußeren, jedoch unsicheren Gefühlen. Er hatte einen schweren Minderwertigkeitskomplex, der ihn ängstlich und eifersüchtig machte – ständig hatte er Angst, eine der anderen Katzen könne besser behandelt und mehr geliebt werden als er. Doch er war intelligent und mutig und besaß ein paar liebenswerte Eigenschaften. Ich war immer entweder wütend auf ihn wegen seiner Ausbrüche und seiner Tyrannei gegenüber den jüngeren Katzen oder voller Wärme und Zuneigung für ihn wegen seines babyhaften Verhaltens.

Eine seiner *bétes noires* war Katy – tiefschwarz mit einer weißen Weste und einer weißen Halskrause –, ein kleines Energiebündel, das Freunde in den Straßen von Saint-Rémy gerettet und mir gebracht hatten, als sie wieder nach England zurückgegangen waren.

Und am meisten geliebt von allen wurde Bruno, ein halbes Siamkätzchen, das mit einem schneeweißen Gefährten namens Blanco auftauchte; sie waren Flüchtlinge aus einer Familie, die in der Nähe lebte. Sie waren hinausgeworfen worden, weil man fürchtete, sie könnten sich auf das Gesicht des neugeborenen Babys legen und es ersticken.

Es dauerte einige Zeit, bis diese Katzen von Rosie und Lily akzeptiert wurden – und untereinander –, doch schließlich lebten alle Katzenmitglieder des Hauses mehr oder weniger freundschaftlich zusammen.

Ich nannte das Bauernhaus »Mas des Chats«.

Ich hatte auch eine kleine Hündin. Ihr Name war Caramel, und auch sie war ein Flüchtling aus einem nahegelegenen Bauernhaus, wo man sie vernachlässigt und schlecht behandelt hatte. Caramel hatte beschlossen, ins Mas des Chats zu fliehen, und weigerte sich, in ihr ursprüngliches Heim zurückzukehren, ein Zustand, der von allen akzeptiert wurde. Katzen und Hund akzeptierten einander friedlich, und die Tiere bildeten eine Zeitlang eine enge Gemeinschaft.

Doch die Katzenbevölkerung im Mas des Chats blieb nicht so, wie sie einmal gewesen war. Es gab ein ständiges Kommen und Gehen.

Nach fünf Jahren starben einige, und einige gingen fort. Meine geliebte Rosie wurde krank und starb, genauso wie der junge, schöne und bezaubernde Kater Bruno, dessen Tod ich furchtbar fand. Sein Gefährte Blanco ging in einer kalten Winternacht auf und davon und kehrte nie mehr zurück. Ein weiterer Verlust war der der lieben Maman, die immer schwächer und kränker wurde, bevor sie schließlich starb.
Neue Katzen tauchten auf.
Manche blieben. Manche verschwanden wieder.
Die älteren Katzen wurden alt und nach einiger Zeit Invaliden.
Junge Katzen streunten herein.
Und es gab auch ein sehr junges Kätzchen.

3

Das Küchenfenster im Mas des Chats stand immer offen. Tag und Nacht kamen durch dieses Fenster die Katzen des Hauses herein und sprangen wieder hinaus, wie es ihnen gefiel. Auch andere Katzen kamen, weil sie den Ort vielleicht durch den Geruch des Futters entdeckten oder die Hauskatzen beobachteten.
Das Fenster führte nach Süden. Flache Metallteile, die mit großen, gebogenen Spitzen besetzt waren, die ein Schmied der Gegend mit der Hand geschmiedet und in die Fensterbank aus Stein eingelassen hatte, hinderten Einbrecher und große Hunde am Hereinkommen. Doch Katzen konnten leicht ihren Weg finden – genauso wie die kleine Hündin Caramel. Sonnenlicht und Mondschein strömten durch dieses Fenster ins Haus, und draußen hing an der Hauswand eine Lampe, die abends brannte, was die Terrasse mit ihren Olivenbäumen und beleuchteten Blumen mit dramatischer Schönheit erfüllte.
Ich stellte einen weißen Gartentisch unter das Fenster mit einem Stuhl daneben, und unter dem Stuhl lag ein flaches Holzscheit. Die Katzen – und Caramel – konnten so herein und hinaus, indem sie einige Stufen hinauf- und heruntersprangen. Sie konnten auch in den Garten und ins Haus schauen, bevor sie ihren letzten Sprung taten, und so gefähr-

liche Hunde, oder was in ihren Augen gefährliche Menschen hätten sein können, entdecken.

Nachts stand eine Schüssel mit Futter für die hungrigen Katzen der Nachbarschaft unter dem Fenster. Ich hatte damit aufhören müssen, Teller mit Futter in den Garten neben den Wassergraben zu stellen, als ein Rudel hungriger Hunde in der Gegend herumzustreunen begann und verzweifelt nach Nahrung suchte. Sie fraßen alles, was sie finden konnten. Das Katzenfutter verschwand und manchmal wurden sogar die Schüsseln mitgeschleppt und in den Feldern der Umgebung zurückgelassen.

Da die Hunde ausgehungert schienen, stellte ich auch für sie Futter hinaus – große Teller mit Brot und Milch und Hundekuchen. Am Morgen waren die Teller von hungrigen Zungen blank poliert.

Eines Abends saß ich in der Küche und schrieb, als ich mich beobachtet fühlte. Ein großer Elsässer streckte seinen Kopf durchs Katzenfenster herein und blickte mich an. Er lief fort, als ich aufstand.

Während des Winters wurde das Fenster zum großen Teil von einem durchsichtigen Plastikschirm bedeckt, den der Gärtner, Monsieur Mercier, schlauerweise gebaut hatte. Zwei kleine Rechtecke waren für die Katzen und Caramel offengelassen worden. Sie sprang hinaus – lauter und ungeschickter als die Katzen –, und bellte die vorbeikommenden Hunde hysterisch an, egal, wie groß sie waren. Dies bereitete ihr großes Vergnügen, denn die Hunde schienen Angst vor ihr zu haben und liefen fort, wenn auch nur für kurze Zeit. Nach einer Weile schlichen sie zurück, um fertigzufressen. Die Katzen des Hauses versammelten sich gerne, nachdem sie gefüttert worden waren, um das Kommen und Gehen der »Draußen-Katzen« zu beobachten.

In den alten Tagen in Ashford in Hampshire saßen die englischen Katzen, Rosie und Lily, gern zusammen am Rande des Rasens, um den Füchsen beim Fressen zuzusehen. Die Füchse schlichen verstohlen – von den Feldern und aus den Wäldern kommend – unter einer großen Buchenhecke hindurch. Auch dort legte ich Brot, Milch und Essensreste für sie hin. Oft gab es mehrere Füchse und manchmal auch Junge, die jaulten und sich um das Futter drängten.
Für die Katzen schien dieses nächtliche Ereignis sehr unterhaltsam zu sein, etwa so, als ob sie ins Theater gingen. Der Anblick der eintreffenden und gehenden »Draußen-Katzen« war für viele im Mas des Chats gleichermaßen interessant – für Baby, le Gris, Nero, Hélène und manchmal auch Katy. Monsieur le Gris wurde oft ungeduldig und ärgerlich auf die fremden Katzen, die das fraßen, was er als sein Futter ansah. Er fing an zu klagen und stieß drohende Schreie aus, oder er versuchte, das Futter selber zu fressen oder die Teller mit imaginärer Erde zu bedecken, indem er mit seiner starken Pfote auf dem Fliesenboden scharrte.
Baby, die seinem Beispiel folgte, miaute leise, um ihr Mißfallen auszudrücken.
Manchmal versuchte le Gris einfach, den Eingang des Fensters zu versperren, in dem er sich auf die Heizung darunter legte, so daß sein großer Körper es gefährlich oder sogar unmöglich für die Katzen machte, hereinzukommen. Hierbei fand er Unterstützung bei der ihn bewundernden Baby, und die beiden lagen dann heiter Nase an Schwanz da.
Wenn es warm wurde, wurde der Plastikschutz vom Fenster genommen – ein glücklicher Augenblick, der bedeutete, daß der Sommer wirklich da war.
Ich fragte mich, was dieses Fenster für die Katzen bedeutete. Für die Katzen von draußen war es eine gefährliche Kriegs-

Das Fenster in der Küche stand immer offen, so daß die Katzen kommen und gehen konnten, wie es ihnen gefiel. Le Gris hielt dort Wache und versperrte es mit seinem breiten Körper.

erklärung, doch auch ein Durchgang zu lebenswichtiger Futterzufuhr. Für die Katzen des Hauses war es die Grenze zwischen der faszinierenden wilden Welt des Gartens und des Weinbergs und der angenehmen, aber langweiligen Häuslichkeit ihres Heims.

Für mich hatte das Fenster eine symbolische, mythische Bedeutung – das Tor einer alten befestigten Stadt, das Fallgatter einer mittelalterlichen Festung. Innerhalb des Hauses hatte ich das Gefühl, daß meine Katzen sicher seien. Jenseits des Fensters lag, so schien es, nachts unendlich Gefahr für sie. Wenn die Dunkelheit einsetzte, sehnte ich mich danach, sie auf ihren Plätzen im Haus zu haben. Wenn man es mir überlassen hätte, hätte ich, sobald sie einmal drinnen waren, das Fenster geschlossen. Doch das konnte ich nicht tun. So ängstlich es mich auch machte, ich mußte sie ihr Leben in Freiheit führen lassen. Wild oder halbwild, sie konnten es nicht ertragen, eingesperrt zu werden – und das verstand ich.

4

Meine Nachbarn im Mas des Chats waren Bauern, *paysans*. An der östlichen Grenze zum Mas lag ein großes altes Bauernhaus, das in drei Teile aufgeteilt war. In der Mitte lebten Monsieur und Madame Corbet, denen auch mehrere Felder um das Haus herum gehörten und Felder an der Straße – der alten Straße nach Arles – und noch weiter entfernt. Sie bauten Gemüse an, wie es jetzt alle Bauern taten, obwohl vor Jahren die *paysans* Blumen anpflanzten; das ganze Land um Saint-Rémy-de-Provence war voller Blumen, aber heute pflanzen nur noch ein paar Leute in der Gegend Blumen. In der Nähe des Mas des Chats gab es ein oder zwei Felder, die mit karmesin- oder purpurroten Petunien und Portulakröschen bedeckt waren, ein Teppich aus strahlendroten, gelben, weißen und rosafarbenen Schmuckstücken, die in der Sonne blitzten.

Die Corbets waren sehr freundlich zu mir und wurden gute Freunde.

An der westlichen Grenze lebten ein exzentrischer Mann und seine nette Frau. Die beiden arbeiteten härter auf den Feldern als alle Leute, die ich jemals gesehen habe. Sie bauten nicht nur sehr viele verschiedene Früchte und Gemüse an, die sie erfolgreich verkauften, sondern sie pflegten auch ihren Garten und ihre lange Reihe von Topfgeranien. Die Geranien

hätten Preise für ihre Größe und ihre intensive Farbe gewinnen können. Im Garten schnitten sie Forsythien zu Formen riesiger Körbe. Monsieur Moret, der Bauer, war, glaube ich, ein schwieriger und schüchterner Mann. Er hatte sich heftig mit seinem Vater gestritten, mit dem er nicht mehr sprach. Madame Corbet erzählte es mir, und es verbitterte ihn. Ich kannte ihn nur flüchtig, hatte aber keine Probleme mit ihm.
Im Norden des Mas des Chats, das heißt: dahinter, lag ein großer Bauernhof, auf dem eine Familie, die Mabeilles, lebte. Es gab mehrere Brüder und Schwester. Einige, nicht alle, lebten auf dem Bauernhof in verschiedenen Häusern, wie auch einige der Kinder. Sie waren alle ziemlich gestört, und diejenige, die am schwersten geistig behindert war, war Giselle, die mit ihrer Mutter in einem heruntergekommenen Gebäudetrakt lebte. Ihre Mutter, so hieß es, war dem Pastis zu sehr zugetan.
Giselle besuchte mich von Zeit zu Zeit. Irgendwie verständigten wir uns, und sie schien Trost in diesen Besuchen zu finden. Sie hatte sich mit den meisten anderen Familienmitgliedern zerstritten – und mit meinen anderen Nachbarn. Im allgemeinen mochte man sie nicht sehr. »Lassen Sie sie nie herein«, riet mir Monsieur Corbet, »Sie werden sie sonst nie wieder los.« Doch mir gelang es, sie zu überreden, zu gehen. Nach einem kurzen Gespräch sagte ich: »Es tut mir sehr leid, aber ich muß jetzt gehen«, und ich lächelte und streckte meine Hand aus, die sie ergriff, während sie ebenfalls lächelte, sich verbeugte und sagte: »*Au revoir*, Margaretta«, und dann ging sie. Sie hatte einige Katzen, die sie liebte, und die meisten unserer Gespräche drehten sich um Katzen. Ihre kamen regelmäßig zum Fressen ins Mas des Chats; ich glaube, sie fütterte sie kaum. »Was geben Sie ihnen zu fressen?« fragte ich. Sie hielt inne, um nachzudenken.

Dann antwortete sie: »*Croquettes!*« und dann etwas Unverständliches, und schließlich: »*Et des boîtes*« – aber ich glaube, das sagte sie nur in meiner Phantasie. Sie hätte nie genug Dosen kaufen können, um ihre vielen Katzen zu füttern – oder auch genug *croquettes*.

Ihre Katzen waren oft krank, starben oder verschwanden. Die Weibchen bekamen Junge, die ertränkt wurden – von wem, danach fragte ich nicht. Wenn eine Katze starb, rief sie mich an, um es mir zu erzählen. Am Telefon klang sie völlig unverständlich. Sie schrie, und die Leitung war ständig gestört, es krachte, und man konnte kaum etwas verstehen. Oft hörte ich nur meinen Namen, wie sie ihn aussprach, Margaretta, und ein oder zwei Schlüsselworte. Giselle achtete kaum auf meine unwichtigen Antworten und fuhr mit ihrem holprigen Monolog fort, bis ich sie unterbrach und auf Wiedersehen sagte.

5

Regen fiel – starker, senkrechter Regen –, festes Wasser, das der Himmel vom Meer im Süden aufgesogen hatte: Mittelmeerregen, der sich in einer Anzahl erbarmungsloser Schauer über das Land bewegte. Regen platschte und gurgelte und floß schwer vom Dach und sprang in großen Fontänen auf die Steine der Terrasse darunter, um dann unter den Glastüren ins Mas zu sickern.

Die Hauskatzen lagen gelangweilt und ruhig überall im Haus. Plötzlich und ohne Warnung sprang eine junge, völlig durchnäßte Katze durch das Katzenfenster in die Küche, leicht wie eine Ballettänzerin, schmetterlingsbraun, gesprenkelt, bunt und ungerührt. Ihr folgte dichtauf Maurice, der wilde einäugige Kater meiner marokkanischen Nachbarn, den früheren Besitzern von Caramel, der sich auf sie stürzte, als wollte er sich mit ihr paaren. Doch sie schüttelte ihn ab und tanzte in die entlegenste Ecke des Raums, während er ihr hartnäckig folgte.

Sugar, Brown Sugar, eine Schildpattkatze von seltener Schönheit, war im Mas des Chats angekommen.

Nicht, daß ich in jenem Moment dachte, daß sie bleiben würde. Sie sah aus wie die Lieblingskatze eines Menschen, die nur vorübergehend von zu Hause weggelaufen war. Fröhlich huschte sie in der Küche umher, entfloh Maurice, den ich in

der nächsten Regenpause wegschickte. Und sie ließ sich mit einem tiefen Brummen vor einem Napf mit Futter nieder, den ich ihr hinstellte. Sugar war an Hunger nicht gewöhnt; ihr kleiner Körper war rund und gut gepolstert. Es war ziemlich klar, daß niemand Sugar je verletzt hatte. Sie hatte keine Angst vor Menschen, Hunden oder anderen Katzen. Sie war heiter und sich ihrer Anziehungskraft sicher und erwartete, daß man sie akzeptierte und verwöhnte.
Nach ihrem Mahl genoß sie es, sich das Fell mit einem Handtuch abtrocknen zu lassen, und kletterte entschlossen auf meinen Schoß.
Dann begann sie zu niesen.
Sie mußte sich im Regen erkältet haben.
Ihre Nieser waren eine Reihe von schnellen, stakkatoartigen Explosionen – eine nach der anderen wie schnelles Gewehrfeuer. Sie hustete ein wenig.
Trotzdem glänzte ihr Fell, das erd- und weinfarben war mit blasseren Flecken, wie Sonnenlicht auf gefallenem Laub.
Wo war sie wohl hergekommen? Wie hatte sie bei dem Regenguß den Weg zu dem Katzenfenster gefunden? Hatte Maurice sie aus ihrem Zuhause gejagt, als er fälschlicherweise glaubte, sie sei rollig? War sie – ein erschreckender Gedanke – trächtig?
Ohne große Hoffnung – ich hatte es schon so oft wegen Tieren versucht, die sich verirrt zu haben schienen – machte ich meine Runde zu den Häusern in der Gegend, um mich überall zu erkundigen, ob jemand eine junge Schildpattkatze verloren hatte.
Keiner meldete sich. In jedem Mas erhielt ich dieselbe Antwort, dasselbe Kopfschütteln, dasselbe: Nein, nebenan hätten sie nur Hunde. Nein, sie hätten noch nie eine Schildpattkatze in der Gegend gesehen.

Entmutigt kehrte ich zurück. Sugar war außergewöhnlich zahm und zutraulich. Sie hatte sicherlich einem liebevolle Besitzer gehört. Und noch mehr: Ihre Krallen waren geschnitten worden, um zu verhindern, daß sie Schaden anrichtete, wenn sie kratzte – ein Kind? An Möbeln?

Doch es war auch klar, daß Sugar dabei war, die achte Katze im Mas des Chats zu werden.

Eine Zeitlang hoffte ich, daß Sugar, sobald der Regen aufhörte, selber den Weg nach Hause finden würde. Ich versuchte, sie dazu zu bringen, mich bei kleinen Spaziergängen zu begleiten, einmal in die eine und dann in die andere Richtung. Doch Sugar war an kleinen Spaziergängen nicht wirklich interessiert. Sie zeigte nicht die geringste Neigung, zu gehen, nicht die leisesten Bedenken, im Mas zu bleiben. Sie fühlte sich recht wohl, vielen Dank, und genoß die Gesellschaft der anderen Katzen, mit denen sie recht gut auskam. Sie mochte mich wohl, das Futter war gut und die Unterkunft anständig. Sie liebte den Garten und konnte sofort erkennen, daß es ein gutes Mäusegebiet war.

Und ich hoffte sehr, daß sie bei vorsichtiger medizinischer Behandlung ihre Erkältung loswerden würde.

Ihre Erkältung blieb jedoch. Man konnte genau erkennen, wo im Garten sich Sugar aufhielt: an den stakkatoartigen Explosionen ihres Niesens. Sie wirkte nicht besonders beeinträchtigt durch die Erkältung, außer daß es manchmal schlimmer wurde. Natürlich bekam sie Antibiotika. Manchmal ging es ihr besser, doch es gab Zeiten, da war sie ernsthaft krank und bekam Lungenentzündung mit hohem Fieber. Der Tierarzt warnte mich, sie könnte sterben, wenn die Antibiotika die Infektionen nicht heilen sollten. Während ihrer ganzen Krankheit blieb Sugar heiter. Sie war höflich zum Tierarzt und anhänglich mir gegenüber.

Brown Sugar, eine selten schöne Schildpattkatze, war im Mas des Chats angekommen.

Sie überlebte. Wir entdeckten, daß ihr Sulfonamide halfen. Sie wurde stärker und größer, und obwohl zuerst ihre Erkältung immer wiederkam, sobald das Wetter schlecht war, erstarb allmählich das Geräusch ihres Niesens. Sugar schien geheilt zu sein.

Sie war ein sanftes Tier, empfindsam und nervös, wenn sie angegriffen wurde, und sie war Katy ausgeliefert, die sie mit Freuden erschreckte. Katy sprang hinter Büschen und Terrassentöpfen hervor. Sugar schrie und legte sich auf den Rücken. Katy baute sich vor ihr auf, ein kleiner, aber gefährlicher Feind. Manchmal mußte ich Sugar retten, die verletzt und verärgert war, weil jemand böse zu ihr war.

Ihr anderer Feind war Monsieur le Gris, der die jüngeren Katzen gern terrorisierte. Doch Sugar konnte kaum glauben, daß er ihr ernsthaft etwas Böses wollte. Sie nahm ihm den Wind aus den Segeln, indem sie seine Drohgebärden nicht beachtete. Um seinen Stolz zu retten, tat er so, als ob er sich nur die Barthaare putzte und nicht an ihr interessiert wäre. Doch ab und zu gelang es ihm, sie aufzustören, und sie reagierte verblüfft und gekränkt.

»Was stimmt mit ihm nicht?« schien sie zu fragen. Sugar wäre es nie eingefallen, sich selber zu fragen: »Was stimmt mit mir nicht, daß er sich mir gegenüber so benimmt?«

Sugar wußte sehr wohl, daß mit ihr alles stimmte. Ihr ungewöhnliches Gesicht mit seinen vielen Farben und den großen bernsteinfarbenen Augen sah wild aus. Ihr geflecktes Fell wirkte wie Samt. Sie war eine leidenschaftliche Jägerin. Eidechsen, Libellen, Motten, kleine Feldmäuse wurden gefangen und getötet, außer ich konnte sie retten. Sie schoß und sprang und flog in die Luft. Manchmal war sie zu beschäftigt, um zu fressen, und mußte mitten in der Mahlzeit wegrennen. Ihre Stimme war ein tiefer Alt, und damit begrüßte sie alle –

Sugar war außergewöhnlich zahm und zutraulich und eine leidenschaftliche Jägerin.

Menschen, Katzen und Hunde. Fröhliche, gutmütige, schnurrende Sugar – sie war eine liebenswerte Katze, und ich liebte sie.

6

Nero war wie viele andere Katzen und Hunde ins Mas des Chats gekommen, als er auf der Suche nach Futter die Gegend durchstreifte. Er war ein begeisterter Reisender, wie ich später entdecken sollte, und er wagte sich weit von zu Hause weg. Als er feststellte, daß es im Mas des Chats Futter gab, wurde er zu einem Stammgast. Er war knochig und dünn und sein Fell stumpf und rauh, und er hatte Würmer. Er gehörte zwei Männern, Mietern von Roger Mabeille, meinem Nachbarn.

Eines Tages zogen diese beiden Männer in die Stadt und ließen Nero zurück; und sobald ihm klar wurde, daß er verlassen worden war, ließ er sich im Mas des Chats nieder. Doch jeden Tag lief er zurück zu dem Haus, das seine Besitzer gemietet hatten – eine hartnäckige Bindung an das große Haupthaus des Mabeille-Hofs.

Er wählte einen Weg, der den Graben an der Nordgrenze des Mas des Chats kreuzte. Dann trabte er weiter, immer nach Norden, durch eine Ansammlung von Krüppeleichen und den felsigen Hügel hinunter zu einer Brücke über einen größeren Fluß, den der Frühling anschwellen ließ. Sodann kam er an einer Gruppe von Scheunen und landwirtschaftlichen Gebäuden an, wo ihn die Landarbeiter gut kannten. Das Haus seiner vorigen Besitzer lag am Ende einer Reihe von Woh-

nungen, die man aus dem großen alten Haupthaus gemacht hatte. Auf seinem Weg dorthin mußte er an Mademoiselle Mabeille vorbei – einer stämmigen Ophelia – und an ihrer Mutter, die verwirrt auf einem Korbstuhl im Schatten eines großen Limonenbaums saß und an einem Glas Pastis nippte.
Mademoiselle Mabeille, Giselle, interessierte sich sehr für ihn und kannte ihn bei dem Namen, den ihm seine früheren Besitzer gegeben hatten: Vivaldi. Wenn sie von Zeit zu Zeit zu mir kam, fragte sie jedes Mal nach ihm. Sie behauptete, er sei der Vater von einer ihrer Katzen; eine schwarze, sagte sie, habe denselben kleinen weißen Fleck an ihrem Bauch wie Nero-Vivaldi.
Nero war den verschiedenen Mitgliedern der Familie Mabeille wegen seiner Wanderungen über den ganzen Hof wohlvertraut. Er jagte Mäuse und Vögel und alles andere, was er an Freßbarem finden konnte. Dann lag er in der Sonne oder im Schatten, ruhte unter den Krüppeleichen oder in einer der Scheunen aus, wo die Salatköpfe oder die Karotten in Kisten oder Säcke für den Markt in Saint-Etienne-du-Grès gepackt wurden.
Als er eine Hauskatze wurde, hielt ich es für selbstverständlich, daß er lange Ausflüge und Reisen machen würde – was er auch tat. Doch ich rechnete nicht damit, daß er zwei, drei oder vier Tage hintereinander weg sein könnte und ich mir deshalb Sorgen um seine Sicherheit machen müßte. Einmal war er zehn Tage weg von zu Hause. Ich hatte schon die Hoffnung aufgegeben, als er durch das Katzenfenster gesprungen kam, als ob er gerade von einem Zehn-Minuten-Nickerchen aufgewacht wäre.
Als ich ihn kritisierte, sah er mich unschuldig aus seinen goldfarbenen Augen an. »Wer? Ich? Was habe ich denn getan?« Ich konnte es nicht erklären – ein paar schlaflose Nächte,

Nero lag in der Sonne und ruhte sich unter den Krüppeleichen aus.

mehrere lange Wege und Autofahrten in der Nachbarschaft, auf denen ich immer wieder vergeblich nachgefragt hatte ...
»Du hast mich erschöpft«, sagte ich in sein verständnisloses, ausdrucksloses schwarzes Gesicht, »bitte mach das nie wieder!«
Er schnurrte laut und rieb seinen weichen Körper an meinen Beinen.

7

Baby war an enge Beziehungen gewöhnt. Ihre erste große Liebe war ihre Mutter gewesen, mit der sie im Mas des Chats angekommen war. Sie hatten zusammen in Haus und Garten gelegen, waren zusammen spazierengegangen, hatten zusammen gejagt und gespielt, sich gleichzeitig das Fell geputzt und zusammen im selben Korb geschlafen.

Doch während Maman eine zahme, sanfte Katze und an Menschen gewöhnt war, war Baby wild – sie hatte Angst vor der Nähe zu Menschen, war unberührbar wie eine Raubkatze. Sie kam nahe genug, um in der Küche mit den anderen Katzen zu fressen, doch es war unmöglich, sie hochzuheben. Ihre intensive Beziehung zu ihrer Mutter hatte erst ein paar Wochen vor Mamans Tod aufgehört, als Maman völlig erschöpft und krank gewesen war. Während Mamans letzter Krankheit hatte Baby eine Leidenschaft für Bruno entwickelt, dem schönen Halb-Siamesen, der an Katzenleukämie starb.

Bruno war während seines kurzen Lebens nett zu Baby, manchmal liebevoll, doch seine wahre Liebe galt der englischen Katze Rosie. Baby sah auf zu Rosie und bewunderte sie, doch kurz nach Brunos Tod starb auch Rosie. Und ein paar Wochen später war auch Maman tot.

Als Bruno starb, war Baby verwirrt und brauchte eine Zeit-

lang, um sich zu erholen. Nach Mamans Tod schien sie nicht sehr verstört, sie mußte ihre Mutter jedoch sehr vermißt haben.
Eine Weile blieb sie allein und einsam. Dann begann sie sich nach einem Mutterersatz umzusehen. Zu meinem und der Katzen Erstaunen wählte sie Monsieur le Gris. Er war für seine schlechten Manieren berüchtigt, für seine Grobheit und seine Tyrannei, seine unfreundliche Art und, an einem schlechten Tag, für seine ungezähmten Wutanfälle. Doch Baby hatte sich entschieden. Sie schien beschlossen zu haben, daß sie ihn sich zum Freund machen wollte und daß sie ihn sogar davon überzeugen würde, sie zu lieben. Die tapfere kleine Baby machte harte Zeiten mit le Gris durch, und es gab viele Rückschläge, doch sie war unbeirrbar.
Schließlich hatte sie Erfolg, und Monsieur le Gris akzeptierte sie als seine enge Gefährtin. Mehr noch: Es gab eine beachtliche körperliche Beziehung. Sie und er waren so eng miteinander verbunden, daß wir anfingen, sie Monsieur und Madame le Gris zu nennen. Wo er hinging, da ging auch sie hin. Wo er sich hinlegte, da lag auch sie – so nahe bei ihm wie möglich. Wenn er durchs Katzenfenster hereinsprang, folgte ihm Baby immer dichtauf. Wenn die Tür offen war, kamen sie im Tandem in die Küche, ein unpassendes, aber bezauberndes Paar – der grobe Landsknecht le Gris, ein Riesenkater, und die hübsche Baby, rund und weiblich, die nur ein Viertel seiner Größe aufwies. Während sie auf ihr Futter warteten, legte sich Baby neben Monsieur le Gris und schob ihren kleinen Kopf unter sein Kinn. Sie miaute wie ein junges Kätzchen. Le Gris fing dann an, ihren Kopf und Nacken zu lecken und anzuknabbern, und manchmal putzte er sie vom Kopf bis zum Schwanz. Selig schloß Baby die Augen. Wenn er aufhörte, sie abzulecken, miaute Baby wieder und schob den Kopf vor.

Zu meinem und der Katzen Erstaunen wählte Baby Monsieur le Gris zum Mutterersatz. Wo er hinging, war sie immer in der Nähe.

Ziemlich oft knabberte und liebkoste le Gris weiter, doch manchmal fing er an, sich zu langweilen, und begann, zu knurren und zu schnappen. Dann wurde Baby nervös und zog sich zurück. Ihre Haltung drückte aus, daß sie wisse, daß le Gris ein schwieriger Mann sei, im Herzen jedoch gut. Gib ihm Zeit, hab Geduld, dann wird er zur Ruhe kommen. Er hat wahrscheinlich Hunger – das ist doch verständlich, oder?
Und sie wartete ruhig auf den richtigen Augenblick, um sich ihm wieder zu nähern.
Es gab Zeiten, in denen Monsieur le Gris sehr schlechter Laune war. Dann konnte er Baby gegenüber so gleichgültig und feindselig sein, daß sie den Menschen, die sie beobachteten, leid tat. Eine Engländerin, die von Zeit zu Zeit mit ihrem

Mann in dem kleinen Haus im Garten wohnte, fand le Gris'
Zurückweisung von Baby fast unerträglich.
»Wie alle Frauen, die sich den falschen Mann aussuchen – wie
das Leben«, sagte Karen. Sie zog eine Grimasse und litt mit
Baby, ihr eigener Schmerz stammte wahrscheinlich aus ihrer
Lebenserfahrung.
Wenn le Gris so unangenehm war, zog sich Baby in sich selbst
zurück und ging allein in die Felder. Ich sah dann ihre kleine
schwarz-weiße Gestalt die Kiesstraße hinter den Weinreben
entlangtrotten und sich einen geschützten Ort suchen, wo sie
gern lag.
Ein paar Stunden später kehrte sie zurück, stoisch und beherrscht. Wenn sie le Gris auf ihrem Heimweg irgendwo traf,
war er wahrscheinlich besserer Laune, und sie kamen Seite an
Seite zurück. Dann wurde Baby wieder fröhlich und voller
Selbstvertrauen.
Le Gris fühlte sich schließlich, so glaube ich, wirklich zu Baby
hingezogen. Er schien sie zu vermissen, wenn sie nicht in der
Nähe war, und er widmete ihrem Putzen besondere Aufmerksamkeit. Manchmal versuchte er, sich auf sie zu setzen. Sie
verschwand völlig unter seinem flauschigen weißen Bauch,
doch das schien sie nicht zu stören. Sie tauchte unbeschädigt
und glücklich wieder auf und drängte ihn dazu, noch einmal
an ihren Ohren zu knabbern.
Die anderen Katzen und ich sahen ihrem Treiben verblüfft zu,
sie fragten sich sicher, was, in Gottes Namen, Baby in le Gris
sah (er war in der Küche nicht gerade beliebt). Hélène, die die
einzige mit mütterlichen Gefühlen war, jedoch eine zynische
Lebenseinstellung hatte, könnte, glaube ich, den Kommentar
abgegeben haben, daß le Gris mindestens zweimal so alt war
wie Baby und viermal so dick – und vielleicht fügte sie hinzu,
daß Baby natürlich ihren Vater nie gekannt habe und wahr-

scheinlich nach einem Vaterersatz suche. Meine eigene Ansicht war, daß Baby versuchte, aus le Gris eine Mutter zu machen, und recht erfolgreich dabei war. Was auch dahintersteckte, sie war besessen von ihm. Wenn es nur möglich war, blieb sie in seiner Nähe.

Diese Bindung hatte auch Nachteile. Einmal, im Herbst, dem kältesten und verregnetsten, den es gab, wurde Baby krank. Sie begann zu niesen und zu husten und bekam Blasen auf der Nase – eine schwere Virusinfektion. Ich bin sicher, daß sie sich elend fühlte, doch nichts hielt sie davon ab, le Gris zu folgen. Sie liefen hinaus in den Regen, durchs Katzenfenster herein und wieder hinaus, wie le Gris es gerade wollte. Ich versuchte, sie mit der Injektion eines langsam wirkenden Antibiotikums zu schützen (ich war geübt darin geworden, Katzen eine schnelle Spritze zu geben, während sie ihre Köpfe in ihre Futternäpfe gesenkt hielten), doch dies half nur teilweise. Sie wurde kränker, nieste und hustete heftig. Ich konnte sie nicht fangen, um sie drinnen zu behalten, und sah hilflos zu, wie sie mit le Gris hinaustrabte, Tag und Nacht, in den eisigen Wind und Regen.

Doch eines Nachmittags fand ich sie auf einem Sofa im Eßzimmer, ein kleines Häufchen Elend, das sich kaum wehren konnte, als ich sie in einen Korb legte, um sie zum Tierarzt zu tragen.

Docteur Lamartin, freundlich und hilfsbereit wie immer, stellte fest, daß sie Temperatur hatte, und verschrieb ein weiteres Antibiotikum. Baby lag schlapp auf dem Untersuchungstisch und war nicht in der Lage, zu protestieren.

Endlich gab es eine Möglichkeit, sie im Haus zu halten, und ich schloß sie im Wohnzimmer ein.

Die arme Baby sah aus wie ein gefangenes wildes Tier. Sie war entsetzt – und sehnte sich danach, bei le Gris zu sein. Doch in ihrem geschwächten Zustand konnte ich sie streicheln und liebkosen, und dies schien sie zu genießen und sie entspannte sich allmählich. Als sie wieder fressen konnte, brachte ich ihr kleine Happen von ihrem Lieblingsfutter und Katzenkekse. Ich besuchte sie oft, redete mit ihr, berührte sie, besänftigte sie, streichelte sie immer wieder sanft.

Und dann fand eine sehr geheimnisvolle, unerklärliche, magische Übertragung von Vertrauen und Zuneigung statt zwischen Baby und mir. Ganz plötzlich hatte sie keine Angst mehr vor mit.

Sie begann es zu genießen, im Wohnzimmer eingesperrt und warm und gut aufgehoben zu sein. Sie genoß meine Besuche, miaute mich an, wie sie le Gris anmaunzte, sprang aufs Sofa neben mich, rollte sich auf den Rücken, die Pfoten in der Luft, und erwartete erfreut eine Massage ihres Bauches; dabei schnurrte sie laut. Es kam die Zeit, als ihr Fieber gesunken und sie fast wieder gesund war. Die Tür zum Wohnzimmer stand offen, und sie hätte in die Freiheit entkommen können. Doch Baby war glücklich, bleiben zu können. Sie hatte sich einige Ruheplätze ausgesucht. Sie hockte auf einem Stuhl neben der Heizung, kauerte in den Kissen auf einem Sessel, saß auf dem Rand des kleinen Klaviers, und sie betrachtete das Wohnzimmer nun als ihr Eigentum und als sicheres Gebiet.

Wenn ich sie besuchte, lief sie mir zur Begrüßung entgegen, stieß ihre ungewöhnlichen kleinen Schreie hervor, legte sich noch einmal auf den Rücken, so daß man den weißen Pelz ihres Bauches sehen konnte. Sie schnurrte atemlos. Unter ihrem Kinn hatte sie einen runden schwarzen Fleck und ihre weißen Pfoten waren unten schwarz gestreift. Ohne Angst sah sie mich aus strahlend-grünen Augen an. Sie besaß die ungeheure Unschuld eines kleinen wilden Pelztieres und den Charme eines großen weichen Spielzeugs. Ich hatte das Ge-

Wenn le Gris sich von seiner unfreundlichsten Seite zeigte, zog Baby sich in sich selbst zurück und lief allein fort.

fühl, Baby bis dahin nie wirklich gekannt zu haben, so viel von ihrem Charakter war von ihrer Wildheit verborgen gewesen.

Sie suchte immer noch nach le Gris und stachelte ihn immer noch dazu an, sie zu lieben. Doch jetzt hatte sie eine Alternative – oder zusätzliche Quelle der Zuneigung. Die Wirkung auf ihren allgemeinen Seelenzustand war bemerkenswert: Sie wurde lebhaft, munter und fröhlich.

Baby hatte nun eine Ausstrahlung, eine *joie de vivre*, von der ich hoffte, daß sie andauern würde.

8

Allmählich lernte ich alle Katzen kennen, die durch das Katzenfenster ins Haus kamen – zumindest diejenigen, die vor Mitternacht auftauchten. Die Anzahl veränderte sich von Zeit zu Zeit, und die Gruppen wechselten, aber eine Zeitlang gab es immer eine feste Gruppe von Besuchern.

Ab und zu verschwand eine Katze und wurde nie wieder gesehen. Die Katzen der Umgebung – und das schloß meine eigenen ein – waren ständig in Gefahr. Jede von ihnen hatte vielleicht neun Leben, doch sie durchlebten diese schnell, wie es mir schien. Katzen haben ein Repertoire an Tricks, das ihnen hilft, Gefahren zu entkommen – schnelle Sprünge, plötzliche Drehungen zur Seite und Spurts die Bäume hinauf –, doch sie sind wagemutige Abenteurer, von leichtsinniger Hartnäckigkeit und tödlicher Neugier.

Ich hatte das Gefühl, daß meine Katzen springend und tanzend am Rande eines Abgrunds balancierten. Ich konnte nichts tun, als hilflos zuzusehen, und ich mußte zusehen, aus einem instinktiven Drang heraus, der Vernunft und Urteilsvermögen ausschaltet. Ödipus ging in Regen, Sturm und bitterer Kälte hinaus – und blieb weg –, um eine Gefährtin zu finden. Monsieur le Gris, nachdem er all diejenigen Mitglieder des Haushalts, die er als Eindringlinge einstufte – was hieß, alle außer der schmeichlerischen Baby –, tyrannisiert und gequält hatte, Monsieur le Gris also trat am Katzenfenster standhaft nicht kastrierten Männchen entgegen, die bereit waren, ihn in Stücke zu reißen, sollte er sie davon abhalten, zu ihrem Abendessen zu gelangen. Fortpflanzung und die Verteidigung des Gebiets waren von höchster Wichtigkeit. Die Spezies mußte erhalten bleiben, nicht das Individuum. Und tatsächlich: Wenn eine der Katzen von draußen verschwand, tauchte sehr schnell ein Ersatz auf.

Eine Zeitlang hatte es zwei Tabbies gegeben, eine mit einer weißen Brust. Die einfarbige schielte leicht und gab kleine miauende Schreie von sich, immer zwei nacheinander, um ihren Hunger anzuzeigen, und sie fraß sehr viel. Die Katze mit der weißen Brust war stärker und ruhig, doch auch sie fraß jeden Abend riesige Mengen. Es waren zwei kräftige Männchen und Rivalen, die oft kämpften.

Dann war da noch eine bezaubernde schwarze Katze mit einem runden Gesicht, die zahm, redselig und sehr gutmütig war und mit schriller, aufgeregter Stimme nach Futter verlangte, wenn keines dastand. Diese Katze ähnelte Nero, obwohl er schlanker und kleiner war. Zwei Katzen gehörten Giselle Mabeille; sie sahen komisch aus, schwarz-weiß, und beide hatten mitten in ihrem schwarzen Gesicht eine weiße Blesse. Sie waren wohl miteinander verwandt.

Es gab auch eine schöne, kompakte, ruhige schwarz-weiße Katze, die von weither kam. Ich sah diesen Kater von Zeit zu Zeit, wie er die kleine Straße herunterkam, die von der alten Straße nach Arles abzweigte.

Und es gab einen sorgenvollen alten Kalter mit sehr kurzen Beinen wie bei einem katzenhaften Dachshund, der wegen des Futters jahrelang ins Mas des Chats kam. Sein Fell war ein wirres Durcheinander aus Schwarz und Weiß.

Monsieur Mercier bei der Arbeit im Garten. Eines Tages rief er mir zu, er habe eine tote Katze unter einem Rosenbusch gefunden. Er dachte, es sei Nero.

Anders als die Katzen des Hauses fraßen die Katzen von draußen gierig. Sie verschlangen ihr Futter in großen Happen und eilig. Die Katzen von drinnen nahmen zarte Brocken aus ihren Näpfen und immer nur jeweils einen.

Die Katzen von draußen tauchten heimlich nach Einbruch der Dunkelheit auf und niemals bei Tageslicht, und sobald sie gesättigt waren, eilten sie davon, geheimnisvollen Zielen entgegen. Manche hatten vielleicht ein gutes Zuhause, doch die Mehrheit bestand aus Heimatlosen.

Die Katzen des Hauses reagierten je nach Art ihres Charakters auf diese Katzen. Sie setzten sich gemütlich in die Küche, sahen zu und warteten. Manchmal gab die eine oder andere einen Kommentar ab, maunzte, knurrte oder grollte.

Die Katzen von draußen erkannten an, daß sie sich auf fremdem Gebiet bewegten, und waren nervös, zurückhaltend und vorsichtig. Sie versteckten sich unter Stühlen, wenn sie Feindseligkeit spürten, und sie antworteten oberflächlich auf die herausfordernden Bemerkungen von seiten der Katzen des Hauses. Manchmal kämpften sie miteinander, heulten und miauten – sehr zum Vergnügen der »Innen«-Katzen.

Eines Morgens rief mich im Garten Monsieur Mercier voller Dringlichkeit erschrocken zu sich.

»*Madame, Madame, venez vite. Votre chat noir est mort!*«

»*Mais ce n'est pas possible! Je viens de le voir.* Ich hab ihn doch gerade erst gesehen!«

Ich rannte dorthin, wo Monsieur Mercier bei einigen kleinen Büschen stand, die ein Rosenbeet umgaben.

Dort, unter einem der Büsche, lag der kalte und steife Kadaver einer schwarzen Katze.

Zu meiner Erleichterung war es nicht Nero, sondern eine »Draußen«-Katze, die ich gut kannte, und das war schlimm genug. Der Kater mußte zum Sterben unter den Busch gekrochen sein – krank, verletzt, vergiftet ... man konnte es nicht sagen.

Dieses Ereignis vertiefte meine Angst um meine Katzen. Was auch immer den Tod des schwarzen Katers verursacht hatte, es konnte genausogut ein Mitglied des Hauses treffen. Ich bat Monsieur Mercier, ihn zu begraben. Sein Besitzer – er war so zahm und zutraulich gewesen, daß er ein Zuhause gehabt haben muß – war vielleicht voller Furcht, suchte nach ihm, wartete darauf, daß er zurückkäme. Als Giselle Mabeille das nächstemal vorbeikam, fragte ich sie beiläufig, ob sie zufällig einen schwarzen Kater habe.

Sie schüttelte den Kopf mit jenem leeren, abwesenden Gesichtsausdruck, den sie hatte, wenn ihr Geist sich weit weg von der gegenwärtigen Situation bewegte. Sie lauschte inneren Stimmen und sorgte sich nicht um schwarze oder sonstige Katzen.

Jemand anderer machte sich Sorgen um sein Verschwinden oder hoffte gegen alle Hoffnung, daß er zurückkommen würde.

Mein Französisch wurde im Laufe der Zeit besser, wurde flüssiger und weniger formell. Ich lernte neue Wörter, benutzte mein Wörterbuch, wenn ich Zeitung las. Nach einer Weile erkannte ich, daß viele der neuen Wörter mit Kriegen, Gewalt und menschlichem Elend zu tun hatten. Mein gewachsener Wortschatz spiegelte die Zeit wider, in der ich lebte – obwohl vielleicht zu allen Zeiten in der Geschichte Männer und Frauen so gewesen sind.

Blindé, lernte ich, bedeutet gepanzertes Auto, und *char* hieß Panzer. *Abattre* hieß niederschießen, *ravisseurs* waren Kidnapper, *mitraillé* bedeutete von Maschinengewehrschüssen durchsiebt, *obus* eine Granate und *famine* Hungertod.

Und jede Nacht jagten die Bilder über den Bildschirm – Fliegen, die um die Körper von Afrikanern schwirrten, die hungers starben; blutige Leichen, die aus bombardierten Krankenhäusern getragen wurden; kleine Kriegswaisen, die man in den Busch in Sicherheit brachte; Leute, die sich gegenseitig tottrampelten, um einen halben Laib Brot zu ergattern; verzweifelte alte Frauen, die sich auf schneebedeckten Straßen vorwärtskämpften, mit kleinen Bündeln, die ihre kostbarsten Besitztümer enthielten; die, wenn sie konnten, vor Geschützfeuer flohen; Blut auf Straßen, Blut an Wänden. Von menschlichem Unglück wandte ich mich den Katzen zu und übertrug auf sie die Angst vor einer Welt, die außer Kontrolle geraten war.

Ich wurde wie besessen, was ihre Sicherheit anging, dazu getrieben, die Bewegungen dieser Schar kleiner Tiere zu überwachen, die die Kleinen und Verwundbaren repräsentierten, doch da sie Katzen waren, weigerten sie sich, überwacht zu werden. Es gab keine Möglichkeit, ihr Überleben zu sichern.

9

Die Provence war eine Meisterin des Unerwarteten, der Überraschung. Den Hintergrund zu den manchmal erstaunlichen Ereignissen bildete das Drama der Landschaft mit dem ständig wechselnden Licht und den Sonnenuntergängen. Es gab auch das explosionsartige Wachstum der Pflanzen, Bäume und der Vegetation im allgemeinen – ebenso wie das der Insekten und der »Schädlinge«.

Ein Ast, der am Abend nackt war, konnte am Morgen Blätter und eine Knospe tragen und mittags blühen. Doch am Abend konnten Blüte und Blätter auch von Insekten zerstört worden sein – oder manchmal auch von Schnecken, die in Wellen, wie eine Armee, über die Felder herfielen.

Im Winter, wenn die Vegetation für eine Weile ruhte, hatte ich das Gefühl, daß das Land ungeduldig war und kaum den Frühling abwarten konnte, so daß Primeln, Krokusse und Veilchen schon im Januar herauskamen, obwohl die Februarfröste sie leicht zerstören konnten.

Vor diesem ruhelosen Hintergrund gab es Geschehnisse, häufig mit einem komischen Beigeschmack, wenn es auch oft eine schwarze Komödie war.

Eines Tages tauchte ein hübsches Mädchen mit einem jungen Mann im Schlepptau im Mas auf. Sie arbeitete im Touristen-

Die Provence war eine Meisterin des Unerwarteten. Das Wachstum der Pflanzen und Bäume – und der Insekten und des Ungeziefers – war explosiv.

büro, in dem ich von Zeit zu Zeit gewesen war. Sie stellte den jungen Mann als ihren Verlobten vor, sagte mir jedoch nicht ihren Namen. Sie fragte: »Haben Sie etwas dagegen, wenn ich mir das Mas nur mal ansehe?« Sie stand auf der Terrasse und blickte hoch zu dem alten Haus, dann drehte sie sich zum Garten um und ging zwischen den Olivenbäumen und den Zypressen umher.

Ich war verblüfft. Was sollte das alles? Sie kehrte auf die Terrasse zurück.

»Wissen Sie, dies ist in Wirklichkeit *mein* Haus«, erklärte sie.

»*Ihr* Haus?«

Ich war verwirrt. Ich hatte das Haus ganz normal gekauft, mit Anwälten, Dokumenten, Urkunden usw., und der Kauf von

Monsieur und Madame Belmont war in Aix-en-Provence bei einer Regierungsstelle registriert worden. Diese wiederum hatten es von ihrem Nachbarn, dem Bauern Mabeille, gekauft. Das Mädchen wiederholte: »Ja, dies sollte eigentlich *mein* Haus sein.« Sie seufzte. »Danke.«

Ich hätte gern begriffen, was sie meinte, doch bevor ich mich erkundigen konnte, streckte sie mir ihr kleine weiche Hand hin, lächelte leer und ging zurück zu ihrem Auto. Der junge Mann folgte ihr, und sie fuhren davon. Später ging ich hinüber zu meiner Nachbarin Madame Corbet.

»Dieses Mädchen vom Touristenbüro war hier«, erzählte ich ihr. »Wer ist sie? Sie sagt, mein Haus sei in Wahrheit ihres.« Madame Corbet wußte sofort, worüber ich redete.

»O ja!« sagte sie. »Sie ist die Tochter von einem der Mabeille-Brüder – nicht Ihr Nachbar. Als der alte Mann starb – der alte Père Mabeille –, gab es in der Familie Streit um das Erbe. Es scheint, als ob er – der alte Père Mabeille – in seinem Testament nicht sehr genau war. Guy – das ist der Vater des Mädchens – beharrte darauf, daß das Haus eigentlich an ihn hätte gehen müssen. Es war ein Drama unter den Brüdern ...« Sie lächelte ein vages Lächeln, das beruhigend sein sollte – doch ich war alles andere als beruhigt. Sollte ich herausfinden, daß mir das Haus gar nicht gehörte? »Nein, nein«, sagte Madame Corbet. »Am Ende wurde alles geregelt. Doch dieses Mädchen denkt immer noch, daß das Haus ihr gehören sollte. Das muß ihr Vater ihr wohl erzählt haben. Wenn er es geerbt hätte, hätte er es vielleicht ihr geschenkt.«

Ich fand diesen Vorfall beunruhigend. Andere Vorfälle und Ereignisse, die unerwartet und seltsam waren, folgten. Diese, zusammen mit den Tieren im Mas des Chats, ließen mich ständig auf die *qui vive* sein, und oft schauderte ich und fragte mich voller Furcht: »Was kommt als nächstes?«

10

Er hatte einen schrecklichen Winter voller Kälte und Hunger hinter sich, war ohne Hoffnung und immer in Gefahr entlang der Straßen getrottet, hatte sich auf den Feldern herumgetrieben wie alle verirrten und verlassenen Hunde. Menschen hatten ihn angeschrien, Steine geworfen, ihn mit Stöcken geschlagen. Er sah wie ein sehr alter Hund aus, seine Hinterbeine waren gebeugt, sein Rücken gekrümmt, wund und blutig. Und in seinen Augen stand der Schmerz.

So kam er zufällig und in einem jämmerlichen Zustand zum Mas des Chats.

Ich sah ihn aus der Entfernung. Er blieb auf Distanz. Alter brauner Hund, dachte ich, hat Hunger – sicher gehört er jemandem in der Umgebung. Doch er war heimatlos, ein Vagabund.

Ich bereitete einen Napf mit Futter vor und stellte ihn an den Rand des Feldes. Er sah mir dabei zu, machte jedoch keinen Schritt vorwärts, solange ich dort stand, obwohl er ausgehungert war.

Ich ging zum Haus zurück. Etwas später war der Napf leer und der Hund fort.

Am nächsten Tag – und danach jeden Tag – kam er zurück. Er schlich um das Mas herum und blieb immer auf Distanz. Er

fraß das, was ich ihm hinstellte, erst wenn ich verschwunden war.
Jeden Tag in diesem bitterkalten Winter sah ich ihn. Er näherte sich dem Haus, blieb aber auf Distanz zu mir.
Ich fütterte ihn.
Eines Tages stellte ich sein Futter auf eine Stufe zur Terrasse. Von einem Fenster aus beobachtete ich ihn. Er begann hungrig zu fressen. Dann fiel zu seinem und meinem Mißfallen der Napf von der Stufe, als er heftig darin schleckte. Ich konnte ihm nicht helfen, denn er wäre weggelaufen, sobald er mich gesehen hätte – und er lief weg, nachdem er vergeblich versucht hatte, den Napf vom Futter zu heben.
Nach diesem Vorfall stellte er seine Pfote fest auf den Napf, während er fraß, um ihn am Umkippen zu hindern. Auf diese Weise wußte ich immer, daß der braune Hund gefressen hatte, weil dann ein Pfotenabdruck auf dem Napf zu sehen war. Manchmal schloß er sich dem Rudel hungriger Hunde an, das auf der Jagd nach Futter herumstreunte. Meistens aber war er allein.
Er näherte sich dem Mas in Kreisen. Als Monsieur Mercier ein Feuer machte, um herabgefallenes Laub und Äste, die er von den Bäumen und Büschen geschnitten hatte, zu verbrennen, sah ich den Hund in der Asche liegen, um seinen mageren, müden Körper zu wärmen. Wenn die blasse Wintersonne schien, streckte er sich an der Zypressenhecke in einer Kuhle aus, die er sich in dem getrockneten Laub gegraben hatte. Sobald er mich sah, kämpfte er sich hoch und hinkte davon. Einmal beobachtete ich, wie er triumphierend mit einer trockenen Brotkruste im Maul die Straße entlangeilte, in der Hoffnung, sie an einem geheimen Ort fressen zu können, bevor die anderen Hunde sie ihm wegschnappen konnten. Ich begann ihn zu mögen.

Es war klar, daß der braune Hund von Menschen abscheulich behandelt worden war.

Ich erwartete, ihn jeden Tag zu sehen.
Ich machte mir Sorgen um ihn, wenn er nicht auftauchte.
Dann fehlte er drei Tage lang.
Am Abend des dritten Tages stand ich an der Küchentür und sah hinaus in den Garten, bevor ich die Läden schloß. Dort, in der Dunkelheit, entdeckte ich den alten braunen Hund wieder. Er kam mir erschreckter denn je vor, versteckte sich im Gebüsch und wartete. Ich stellte ihm sein Futter hin, gutes, nahrhaftes Futter mit etwas Fleisch und Milch darin, und ging fort.
Zögernd näherte er sich, steckte die Nase in den Napf und begann, hungrig zu fressen. Und als er mich am Katzenfenster stehen sah, hob er den Kopf und blickte mich aus halbgeschlossenen Augen an, bis er sicher war, daß ich mich nicht bewegte.
Als er genug hatte – und er konnte nie viel fressen –, humpelte er davon. Ich bemerkte, daß eine seiner Vorderpfoten geschwollen war und ihm weh tat. Da seine Hinterbeine sowieso schwach waren, mußte er sein Gewicht auf das schlimme Bein verlagern. So kämpfte er sich zuckend und mitleiderregend voran, so gut er konnte.
Er ging die Stufen hoch, über die Brücke zum Fluß, zögerte und hinkte den Hügel hinauf.
Wo ging er nur hin? Am Morgen war nichts von ihm zu sehen.
Ich stellte mir vor, wie er sich irgendwo voller Schmerzen, Hunger und Angst versteckte. Vielleicht würde er nach Einbruch der Dunkelheit zurückkehren.
Ich konnte mir nicht vorstellen, was ihn so verletzte haben könnte, und hoffte inständig, daß kein bösartiger Mensch ihn verwundet hatte. Doch er hatte solche Angst vor mir, war so verschreckt, daß klar war, daß Menschen ihn abscheulich behandelt hatten. Ich sehnte mich danach, daß er irgendwo

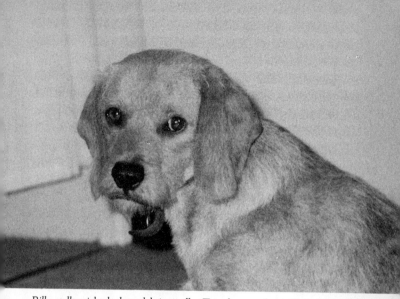

Billy stellte sich als das gelehrigste aller Tiere heraus, fast wie ein Heiliger in seiner Sanftheit.

in der Nähe des Mas bliebe, anstatt an einen Ort zurückzugehen, wo er gejagt, mit Steinen beworfen und gequält werden konnte, von Leuten, die versuchten, ihn loszuwerden.
Zu meiner Erleichterung kam er am nächsten Tag zurück, und die geschwollene Pfote schien ihm etwas weniger weh zu tun. Allmählich begann er zu verstehen, daß ich nicht die Absicht hatte, ihm etwas zu tun. Während er das Mas des Chats aus einer Entfernung betrachtete, die er für sicher hielt, verstand er, daß ich, die Katzen und Caramel jeden Tag im Weinberg spazierengingen, wenn das Wetter es zuließ.
Es kam der Tag, an dem er beschloß, sich uns anzuschließen. Schüchtern, zögernd und humpelnd kam er hinter den Katzen her. Ich freute mich sehr.

Doch auf dem Rückweg, als die Prozession aus Katzen durch einen Pinienhain schritt, beschloß eine der Katzen, wahrscheinlich Katy – oder Sugar –, sich auf ihn zu stürzen.
Ich höre ihn jaulen.
Selbst die leichteste Berührung seiner wunden Haut muß ihm entsetzlich weh getan haben. Ich war wütend und dachte, einen Schritt vor und zwei zurück, das hätte das Motto des Hauses im Mas des Chats für die wilderen Tiere sein sollen.
Doch dieser braune Hund hatte Mut, und er war hartnäckig. Ganz allmählich und nach vielen Testwochen schloß er sich dem Haushalt vom Mas des Chats an.
Zuerst suchte er sich eine Ecke an der Filteranlage neben dem Swimmingpool, wo er auf einer Stuhlmatratze schlief, die er gestohlen hatte. Ich brachte ihm noch alte Handtücher und verlegte sein Bett in eine geschützte Ecke. Dort schlief er und lag auch manchmal tagsüber dort, während er allmählich zutraulicher wurde.
Eines Tages, Wochen später, kam er zu mir, als ich über die Felder ging, stellte sich plötzlich auf die Hinterbeine und legte die Vorderpfoten auf meinen Arm. Dann setzte er sich und reichte mir erst eine Pfote und dann die andere. Danach war es nur noch eine Frage der Zeit, bis er ein Hund des Hauses wurde, ein Bewohner mit Pflichten. Er bellte Fremde an und hieß Freunde willkommen.
»Sie müssen ihm einen Namen geben«, riet mir Monsieur Mercier, der sein Herz für den braunen Hund entdeckt hatte, obwohl der Hund zuerst nicht in seine Nähe kommen wollte.
»Hier in Frankreich haben wir die Sitte, den Hunden Namen zu geben. Jedes Jahr ist es ein Buchstabe des Alphabets. Die Hunde jenes Jahres werden mit Namen benannt, die mit diesem Buchstaben beginnen.«
Er kannte den Buchstaben dieses Jahres nicht, doch er riet

mir, zum Tierarzt zu gehen, wo eine Namensliste und die Buchstaben aushingen. Ich ging zum Tierarzt, und tatsächlich hing dort eine Liste an der Wand. Der Buchstabe war ein »I«, und es gab eine lange Liste von Namen, die mit einem »I« anfingen. Ich las:
Ice Cream, Idomineo, Impossible, Ivry, Imperator, Impératrice, Impeccable, Ibis, Idiome, Igloo, Impérial, Impétueux, Impulsif und Innocent.
Es gab noch viel mehr, doch kein Name erschien mir passend für den braunen Hund. Ich fragte Monsieur Mercier: »Welchen Namen würden Sie ihm geben?«
Er legte seinen Spaten ab und sagte verlegen: »Kurz nach dem Krieg hatte ich einen Hund, den ich sehr geliebt habe. Ich nannte ihn Beelee. Bei Kriegsende gab es hier viele Soldaten – englische Soldaten. Wir hörten englische Namen. Ich hörte oft den Namen Beelee. Ich nannte also meinen Hund Beelee.«
»Gut«, erwiderte ich, und Monsieur Mercier freute sich, »der Hund heißt Beelee.«
So wurde der braune Hund Billy, und er lernte seinen Namen recht schnell. Ich rief ihn tatsächlich Beelee, wenn ich mit ihm sprach, und wenn ich ihn anschrie, weil er ungezogen war – auf dem Spaziergang zum Beispiel.
Er stellte sich als ein höchst gelehriges Tier heraus, ein sanftes, liebes, sensibles Wesen, das in seiner Freundlichkeit so etwas wie ein Heiliger war. Caramel liebte ihn sofort. Sie tyrannisierte ihn, bemutterte ihn und sprang vor Liebe und Eifersucht auf ihn drauf, und er richtete sich nach ihr.
Nun gab es also zwei Hunde und acht Katzen im Mas des Chats.

11

Brillant, der riesige Hund, der meinen Nachbarn gehörte, den Mabeilles, war schon immer ein regelmäßiger Gast im Mas gewesen, und nach einiger Zeit bemerkte ich, daß seine Hinterbeine sehr schwach geworden waren. Einst war er geschmeidig und behende gewesen, ein Marathonläufer in Hundegestalt, doch nun konnte er nur noch dahintrotten und verließ sich dabei auf seine zwei starken Vorderbeine.

Wenn er sich hinlegte, hatte er große Schwierigkeiten, wieder aufzustehen. Der Sohn des Bauern, der junge Louis Mabeille, den ich zufällig an einer der kleinen Brücken über den Fluß traf, erzählte mir, daß man Brillant manchmal sogar aufhelfen mußte. Das war nie der Fall, wenn er mich besuchte, was er immer noch tat – wenn auch weniger regelmäßig als vorher –, da er einen Napf mit Futter erwartete. Er tauchte zu fast jeder Tageszeit auf, stolperte ziemlich unsicher über die Brücke, die von der *colline* herführte – zur Verblüffung der Katzen, die auf der Terrasse waren. Einmal, nach dem Regen, fiel er hin, da er auf den nassen, glitschigen Steinen ausgerutscht war.

Zufällig sah ich diesen Unfall von einem Fenster aus mit an. Ich eilte hin, um ihm zu helfen. Doch als ich ihn erreichte, hatte er sich bereits wieder auf seine vier Beine gehievt und trottete zur Rückseite des Hauses, wo er normalerweise sein Futter bekam. In dieser Zeit versuchte er, stehen zu bleiben, während er auf sein Futter wartete, da Aufstehen eine große Anstrengung bedeutete. Doch wenn ich weg war und er erkannte, daß er lange warten mußte, legte er sich geduldig zwischen die wilden Dattelbäume. Sobald ich ihn erblickte, eilte ich mit seinem Futter hinaus und stellte seinen Napf zwischen seine Vorderpfoten. Wenn er den letzten Krümel gefressen hatte, hievte er sich hoch und begab sich nach Hause; er fühlte sich zufrieden und pinkelte ein wenig an einen Lavendelbusch, wenn er ging.

Brillant nahe zu sein, war immer eine halb erschreckende, halb angenehme Erfahrung. Er war so groß und schwer, daß man es kaum glauben konnte. In dem Eifer, mit dem er sein Mahl verschlang, lag Intensität, ja fast Gewalt. In seinem Fell hatten sich oft Kletten und Disteln verfangen, die seine Besitzer nur von Zeit zu Zeit entfernten. Und manchmal roch er nach Stall und Mist – ein ungepflegter Bauernhund, ein grober, erdverbundener Hund.

Trotz seiner äußeren Erscheinung war er freundlich und schüchtern, wollte immer gefallen und gehorchte aufs Wort. An Feiertagen und in den Ferien hängten die Mabeille-Kinder Bänder und Girlanden um Brillants Hals und wanden künstliche Blumen um sein Halsband.

Eines Tages tauchte eine Art Dachshund zusammen mit Brillant auf: Seine Besitzer hatten einen zweiten Hund gekauft. Der neue Hund war schwerer und größer als ein normaler Dachshund. Er trug ein rotes Halsband und sah besorgt aus. Ich entdeckte, daß er George hieß, und auch er war hungrig. Er versuchte, die Brocken zu fressen, die Brillant in seinem Napf gelassen haben könnte. Doch Brillant hinterließ keine Reste.

Wenn George wirklich sehr hungrig aussah, an kalten Wochenenden, wenn seine Besitzer fast den ganzen Tag nicht da waren, stellte ich für jeden dieser Hunde einen Napf hinaus. Die Katzen kamen mit George gut aus. Er hatte Angst vor Katzen, und sie erkannten, daß sie Oberwasser hatten.

12

Ich erinnere mich nicht genau, wann Lily beschloß, sich aus dem Tohuwabohu des Lebens in der Küche vom Mas des Chats zurückzuziehen. »Beschloß« ist vielleicht das falsche Wort. Lily wurde von ihren Instinkten und Gefühlen getrieben, nicht vom Verstand. Von einem Tag auf den anderen verließ sie das Katzenfenster, den Garten und die Rosmarinsträucher, in denen sie sich immer versteckte, verborgen für das menschliche Auge, und zog sich nach oben zurück. Sie fühlte sich wohl sicherer mit der Treppe zwischen sich und der wirklichen Welt. Sie richtete sich in einer kleinen Suite ein. Das Hauptzimmer, das, in dem sie die meiste Zeit verbrachte, ihr *salle de séjour*, war groß, hell und hübsch und ging nach Süden, so daß die Sonne am Tag und der Mond nachts ihr Licht hereinfallen ließen. Dort lag sie auf einem Plastiksack mit allen Briefen, die ich gesammelt hatte, um sie wegzuwerfen. Doch sie machte daraus ihr Bett, bevor ich sie wegpacken konnte, und ich hatte nicht das Herz, sie an einen anderen Ort zu legen. Statt dessen bedeckte ich den Sack mit einem großen Handtuch von zarter Farbe, um ihre Schönheit zu betonen. Die verträumte Lily lag königlich da, offensichtlich ruhig und entspannt – obwohl sie schon beim geringsten Anlaß erregt und hysterisch wurde.

Lily war wählerisch und damenhaft und hob die Augenbrauen über das rüde Benehmen der anderen Katzen.

Sie erinnerte mich an Königin Victoria, die den Verlust von Albert betrauerte – und tatsächlich war im allgemeinen ihr Benehmen königlich, denn Lily war, bei all ihrer Seltsamkeit und Verrücktheit, das, was man auf altmodische Art eine Lady nennt. Sie war nervös und weiblich und hob die Augenbrauen bei schlechtem Benehmen der anderen Katzen, wich mit kleinen empörten Schreien zurück, wenn man sie bedrängte, und verhielt sich würdevoll und damenhaft. Ich erinnere mich deutlich an den Tag, da ich sie und Rosie gefunden und sie aus einem Tierheim in einem Dorf in Hampshire mit nach Hause genommen hatte.

»Ich möchte zwei Kätzchen annehmen, doch es müssen Weibchen sein«, hatte ich Mrs. Campbell gesagt, die das Tierheim leitete.

Sie sollten die Gefährtinnen des Katers Mews in Ashford Cottage sein. Wir gingen langsam an den verschiedenen Käfigen mit geretteten Katzen vorbei.

»Schade, daß Mr. Richards nicht da ist«, meinte Mrs. Campell. »Er würde wissen, welche Katzen Weibchen sind.«

Mr. Richards war der Tierarzt, der nebenan wohnte. Doch er machte gerade seine Hausbesuche.

»*Die* da«, rief Mrs. Campbell, »ist ganz sicher ein Weibchen.« Sie öffnete den Käfig, in dem die kleine Lily unbeweglich saß, und hob sie heraus. »Alles an ihr sieht weiblich aus.« Mrs. Campbell war sich ganz sicher.

»Wenn Sie wirklich sicher sind ...«

Ich zögerte.

»Ich bin es!«

Bei Rosie war sie sich nicht ganz sicher; sie war die zweite Katze, die adoptiert werden sollte.

»Bringen Sie sie zurück, wenn sie sich als Männchen herausstellt«, sagte sie fröhlich. »Bringen Sie sie zu Mr. Richards. In

diesem Alter ist es schwierig, ihr Geschlecht festzustellen. Doch bei der weißen bin ich mir sicher.«
Lily blieb bis ins hohe Alter fraulich. Als sie sich in ihrem *salle de séjour* einrichtete, konnte ich mir Spitzentaschentücher und den Duft von Lavendel vorstellen, während sich Lily ihr Fell putzte, bis es blendend weiß war.
Dieses Zimmer war der Heuboden gewesen, als das Mas des Chats noch ein richtiger Bauernhof gewesen war, mit einem Pferd zum Pflügen. Das Heu wurde mit einem Flaschenzug hochgezogen und in Lilys Zimmer gelagert. Das Zimmer hatte ein hohes, großes Fenster, das von der Decke bis zum Boden reichte. Meine Vorgänger im Mas, die das Haus so gemütlich restauriert hatten, ließen die untere Hälfte des Fensters verriegeln, um Unfälle zu vermeiden.
Ich benutzte den Raum als Arbeitszimmer. Hier standen ein Tisch mit einer Schreibmaschine und Regale voller Bücher. Der Maler adelte den Raum, als ich einzog, indem er ihn als *bibliothèque* bezeichnete.
Der Rest von Lilys Suite bestand aus einem Platz neben der Heizung im Bad gegenüber der *bibliothèque*, dem Platz unter einem Doppelbett in einem Gästezimmer und dem Flachdach, das vom Schlafzimmer aus erreicht werden konnte. Sie wagte sich hinaus auf das Flachdach, um den Duft von Rosmarin und Zypressen einzuatmen, die darunter wuchsen. Wenn sie wagemutig wurde, kletterte sie vorsichtig auf die Dachziegel, von wo aus sie einen besseren Ausblick hatte. Lily benutzte das Flachdach nur im Sommer. Bei der kleinsten Störung schlüpfte sie unters Bett – bei dem Geräusch eines fremden Autos, eines Fremden, der das Haus betrat, bei dem Krachen von Donner ...
Die Badheizung lieferte im Winter Wärme. Daneben stand ein niedriger Schemel mit einem Handtuch darüber, das ein

Lily benutzte das Dach nur im Sommer. Sie kletterte vorsichtig auf die Dachziegel, von wo sie eine bessere Aussicht hatte.

Zelt für Lily abgab. Hier war es äußerst gemütlich und ich konnte oft ihr melodisches Schnarchen hören, wenn ich ins Bad ging und sie tief schlief. Sie fühlte sich dort sicher und geschützt, auch wenn sie das nicht davon abhielt, in gefährlichen Augenblicken unter das nahe Bett zu flüchten.

Als sie jünger war, huschte Lily, wenn sie Angst bekam, was ziemlich oft der Fall war, zum Katzenfenster, sprang auf die Terrasse hinaus und eilte zu einem nicht auffindbaren Zufluchtsort. Sie versteckte sich im dichten Gebüsch oder auf halbem Wege in dem großen Ahornbaum neben der kleinen Brücke. Zumindest konnte ich sie im Ahornbaum sehen, sein Stamm war glatt und breit und in der unteren Hälfte gab es keine Äste. Lily fand es schwierig, wieder herunterzukommen, und brauchte manchmal Hilfe. An den anderen Orten, an denen sie sich versteckte, war sie unsichtbar. Sie kehrte erst nach längerer Zeit ins Haus zurück, selbst wenn die Gefahr schon lange vorbei war. Bei sehr ungünstigem Wetter, bei Regen oder Temperaturen unter Null, versuchte ich, sie zu finden, ihr bei ihrer Rückkehr zu helfen. Ich verbrachte Stunden damit, nach ihr zu rufen und sie zu suchen. Selbst wenn sie Hunger hatte oder fror, kam Lily nicht zurück, wenn sie sich, ganz unlogischerweise, noch bedroht fühlte. Manchmal half mir Marcelle, die damalige *femme de ménage*, eine kräftige, freundliche, blauäugige Frau. Wir liefen durch den Garten und riefen beide »Leelee«, sie mit ihrem dünnen, süßen Sopran, ich durchdringender und wütender.

Manchmal suchte ich um Mitternacht oder später nach Lily, bei strömendem Regen, und ich leuchtete mit Taschenlampen in die Zypressen, unter die Lorbeerhecken und strengte mich vergeblich an.

Am Ende fanden wir sie, oder aber sie tauchte schließlich mit Piniennadeln oder Zypressenblättern in ihrem Fell wieder auf. Sie sah gelassen aus; ich dagegen war aufgeregt. Mein Nachbar Robert, ein junger Franzose, der all seinen Tieren, ob Hunden oder Katzen, den Namen von Weinen gab, hatte eine weiße Katze, die schlanker und kleiner als Lily war und die Fleurie hieß. Er glaubte, daß weiße Katzen besonders nervös sind, weil sie kein Tarnkleid haben.

Und Lilys leuchtendes weißes Fell strahlte in der provenzalischen Sonne – und in der Dämmerung, wenn weiße Blumen leuchten.

Doch sobald sich Lily erst einmal oben eingerichtet hatte, befand sich ihre Zuflucht unter dem Bett, und auch dort blieb sie stundenlang, lange nachdem die Bedrohung fort war. Ihr Körper war nun zu schwer für ihre steifen Beine, und sie hum-

pelte ungeschickt, obwohl sie immer noch eine beträchtliche Geschwindigkeit an den Tag legen konnte, wenn sie es für nötig hielt.
Traurigerweise wurde es offensichtlich, daß sie nicht die Absicht hatte, in den Garten zurückzukehren. »Ich bin zu alt«, schien sie zu sagen. »Gärten sind für die Jungen. Man kann auch vom Landleben genug bekommen ...« Ich machte mir Sorgen, weil Lily das Gefühl hatte, daß sie die Blumen und die Erde aufgeben mußte, die sie so sehr liebte, ebenso wie das Gras und den Regen, aber es war klar, daß selbst im äußersten Notfall ihr Selbsterhaltungsinstinkt sie davon abhielt, durch das Katzenfenster in den Garten zu laufen.
Eines Nachts gab es einen Vorfall mit dem neuen Hund Billy. Billy war ein äußerst sanftes Tier und hatte mehr Angst vor den Katzen als sie vor ihm. Sogar Lily mußte dies schließlich erkennen. Doch bevor sie begriffen hatte, daß er harmlos war, hatte sie Angst. Eines Nachts hörte ich Schritte im Flur und ging hinaus, um nachzusehen, was los war. Lily und Billy hatten sich wohl gegenseitig erschreckt. Beide rannten Hals an Hals auf die Treppe zu, jeder voller Angst vor dem anderen. Mein Herz sank. Ich war sicher, daß Lily schließlich im dunklen Garten enden würde. Ich eilte ihnen nach, zusammen mit einer Reihe Katzen, die aus ihrem friedlichen Schlaf gerissen worden waren.
Ich sah Billy durchs Katzenfenster schlüpfen – dafür war er schlank genug. Von Lily keine Spur. Ich ging hinaus und rief nach ihr. Die Katzen und Caramel kamen aus dem Haus und dachten wohl, ich spiele ein verrücktes, aber tolles Spiel. Ich suchte überall. »Leelee ... Leelee ...« Ich rief in einem hohen Tonfall, auf den sie manchmal reagierte.
Kein Zeichen von Lily.
Dunkelheit und Stille. Der Strahl der Taschenlampe fiel auf

Lilys einziger wirklicher Kontakt war der mit Mews gewesen, dem ingwerfarbenen Kater aus Hampshire.

Gebüsch und Bäume, in die Zypressen, unter den Rosmarin. Keine Lily.
Es war eine eiskalte nacht. Es war das ersten Mal seit vielen Monaten, daß sie draußen war. Sie würde sich erkälten. Ihr Rheuma ...
Schließlich ging ich wieder nach oben, in der unvernünftigen Hoffnung, daß sie wieder ins Haus zurückgekehrt war. Lily saß bequem auf ihrem Handtuch und polierte sich die Krallen. Sie sah mich beiläufig an und fuhr mit ihrer Toilette fort.
»Wo bist *du* nur gewesen?« hieß dieser Blick.
Sie war nicht durchs Katzenfenster gesprungen, sie war nicht mal nach unten gegangen. Sie war hinaus auf den Flur gelaufen und in ein leeres Gästezimmer oben an der Treppe, und dort war sie unters Bett getaucht. Während ich im Garten suchte und rief, war sie in aller Ruhe in ihr Zimmer zurückgekehrt. Ich begriff erst später, wie ihre Taktik gewesen war, als ich sie bei anderen Gelegenheiten beobachtete, als sie Angst bekam. Tatsächlich tat sie alles andere, als in den Garten zu gehen. Ich hatte gesehen, wie sie, durch ein Geräusch oder einen Fremden aufgeschreckt, die Treppe hinunter- und sofort wieder hinauflief.
Sie hatte recht, denn sie war nicht mehr gewandt genug, um den Hunden zu entkommen, die auf der Suche nach Nahrung durch den Garten streunten.
Natürlich hätte sie kleine Ausflüge in die Küche oder andere Räume unternehmen können, wäre da nicht ihre Unfähigkeit gewesen, mit den anderen Katzen auszukommen. Lily war eine Einzelgängerin. Ihr einziger wirklicher Kontakt war der mit Mews gewesen, dem ingwerfarbenen Kater aus Hampshire.
Nun hatte sie nur noch mit mir als einzigem Lebewesen Kontakt. Ich brachte Lily ihr Fressen auf einem Tablett: kleine Untertassen, die ich neben sie stellte, haltbare Sahne, ver-

mischt mit Wasser – und Gras. Sie liebte es, an ein paar jungen Grashalmen zu knabbern, die vorzugsweise getrocknet sein sollten. Ab und zu kamen für eine Weile andere Katzen des Hauses zu ihr. Ödipus, der von seinen weiten Reisen zurückkehrte, verbrachte manchmal die Nacht in dem Korbstuhl, den Lily nie benutzte. Oder Hélène legte sich gern in einen Katzenkorb, den ich für Nero auf den Tisch gestellt hatte, als dieser nach einem Schlafplatz zu suchen schien. Nero hatte mich wissen lassen, daß er ihn nicht wolle, doch Hélène war erfreut über ihren Fund.

Mir kam es so vor, als ob Lily lieber allein gewesen wäre, und ich glaube, sie tat so, als ob die Besucher unsichtbar wären. Hélène tat offensichtlich auch so, als ob sie allein im Zimmer wäre. Doch vielleicht war die Anwesenheit anderer Katzen auch geheimnisvoll tröstend.

Jeden Abend bürstete ich Lily und kämmte ihr schneeweißes Fell, das so leicht und weich wie Daunen war. Und während ich bürstete, redete ich mit ihr. Diese Viertelstunde täglichen Kontakts war ihr ungeheuer wichtig; sie genoß jeden einzelnen Augenblick. Das Bürsten fand statt, bevor ich ins Bett ging. Manchmal war es Mitternacht, manchmal ein oder zwei Uhr morgens, doch immer bemühte ich mich, sie tadellos zu bürsten und zu kämmen. Sie wartete ängstlich auf das Ritual. Manchmal war sie ungeduldig und krallte sich am Teppich fest. Sie begann zu schnurren, sobald sie mich Bürste und Kamm nehmen sah, und legte sich eilig auf dem Plastiksack in die Position, die sie für das Bürsten am geeignetsten hielt.

Ich bürstete und redete, und Lily hörte zu und schnurrte. Ich sprach von alten Zeiten – von Zeiten, die sie und ich allein geteilt hatten, da Rosie tot war und die anderen Katzen Franzosen waren.

Ich sprach von Ashford Cottage, von dem Kater Mews, von

den Tieren, die aus den uns umgebenden Buchenwäldern kamen, die Lily so gut gekannt hatte – die Füchse, Dachse und Eichhörnchen, die Vögel und die Igel. Ich sprach von Lilys Lieblingsplätzen im Garten unter den Pfingstrosen und der Buchenhecke, in dem kleinen Kiefernwäldchen, im Gras zwischen den Osterblumen unter den Apfelbäumen. Ich sprach von Rosie, von unseren Spaziergängen im Kornfeld, die Mews, Lily, Rosie und ich im Gänsemarsch unternahmen.

All meine Erinnerungen an Ashford – all *unsere* Erinnerungen, denn sicher erinnerte sich Lily auch – kehrten dann wieder, und ich wußte, in mir war eine tiefe Traurigkeit, die zum Vorschein kam, während ich redete. Ich hatte dieses schöne englische Haus geliebt, und Lily hatte es sicher auch geliebt. Dies war unser gemeinsames Band.

Spätnachts schien sich Lily sicher zu fühlen. Sie trottete aus ihrem *salle de séjour* heraus ins Bad, wo ich ein Bad nahm. Dort fraß sie ein paar *croquettes* aus einem Napf, der für allgemeine Katzenimbisse für diejenigen gedacht war, die an dem litten, was die Franzosen *les petites faims* nennen.

Selbst Baby wagte sich manchmal nach oben, um aus diesem Napf zu fressen, obwohl die Kekse, die darin waren, die gleichen waren wie die in dem Napf in der Küche. Doch Baby versicherte mir durch die Begeisterung, mit der sie die *croquettes* von oben verzehrte, daß diese viel besser schmeckten als die anderen.

Lily zog sie auch den ähnlichen in ihrem eigenen Napf aus ihrem Zimmer vor, und sie kaute sie selig, wenn sie mich im Bad besuchte. Dann streckte sie sich, kratzte sich im Gesicht und leckte sich die Beine auf eine beiläufige, unbekümmerte Weise, ohne nervöse Spannungen des Tages. Ich redete mit ihr, und sie antwortete mit kleinen Schreien, um mir zu verstehen zu geben, daß sie zuhörte.

Hélène und ich gingen zusammen bis zum Weinberg.

Auch Hélène wollte eine besondere Beziehung zu mir haben. Schüchtern, sensibel, leicht außer Fassung zu bringen, verfolgte sie trotzdem tapfer ihre Versuche, mir nahezukommen. Sie war glücklich, wenn wir beide allein waren. Am späten Nachmittag blieb sie sehr oft im Haus, wenn ich mit den anderen Katzen im Weinberg spazierenging.

Sie tauchte auf, wenn es dunkel wurde, und gab mir zu verstehen, daß sie gern wollte, daß ich mit ihr in den Garten ginge. Da Hélène so verwirrt und benachteiligt wirkte, tat ich mein Bestes, um ihre Bedürfnisse zu respektieren und sie zu beruhigen, wenn sie Sorgen hatte. Wir gingen zusammen hinaus, und sie hüpfte fröhlich neben mir.

Wir kamen zum Weinberg. Inzwischen war der überirdisch blaue Himmel im Osten voller Sterne, während im Westen die leuchtenden Farben des Sonnenuntergangs, Aprikosenfarben und Lila, immer noch einen durchsichtigen Himmel verfärbten. Es waren herrliche Farben, die die feste Wand aus tintenschwarzen Zypressen am Fuße des Himmels noch intensiver machten. Hélène sprang ungebärdig in der kalten Luft umher, schnupperte an den Pflanzen, entleerte ihre Blase, streckte ihren langen Körper wieder an dem Stamm einer jungen Weide neben dem Swimmingpool, schärfte ihre Krallen und ließ mich wissen, daß sie dankbar und bereit sei, wieder hineinzugehen.

13

Ein kleines Haus befand sich im Garten vom Mas des Chats neben dem Weinberg. Es hatte zwei hübsch möblierte Zimmer und eine kleine Terrasse, war warm im Winter und kühl im Sommer. Es war für *gardiens* gedacht, einen Mann oder eine Frau oder auch ein Paar, das im Austausch gegen die gemütliche Unterkunft bei der Pflege der Tiere helfen sollte.

Einst, am Anfang meines Lebens im Mas des Chats, hatte ich gedacht, es sei leicht, *gardiens* zu finden, doch die Suche stellte sich als äußerst schwierig heraus. Im Laufe der Jahre bewohnte eine Reihe von Franzosen jeden Alters das kleine Haus. Keiner war für den Job geeignet und einige waren besonders schwierig und beunruhigend, vielleicht, weil sich nur ziemlich labile Menschen um den Job beworben hatten. Nach ein paar Fehlschlägen beschloß ich, statt dessen Briten in dem kleinen Haus leben zu lassen.

Sie kamen für zwei, drei Monate auf eine Art Urlaub in die Provence, halfen mir bei der Pflege der Tiere und des Gartens und wohnten dafür in dem Haus. Alle, die kamen, waren angenehm und hilfreich, doch es gab zwei Paare, die ich besonders schätzte – Sheila und John und Karen und Joseph. Sie kümmerten sich fröhlich um die Tiere, die sie amüsierten und um die sie sich sorgten. Voller Begeisterung nahmen sie den Geist meines verrückten Haushalts auf. So hatte ich ab und zu Gesellschaft und viel Gelächter – doch da ich nicht immer ein Paar für das Haus fand, war ich auch ebensooft allein.

Die Felder um das Mas des Chats herum waren alle verlassen. Sobald die ältere Generation aufgegeben hatte, das Land zu bearbeiten – in Rente gegangen oder gestorben war –, folgte niemand mehr nach. Was den bäuerlichen Standpunkt anging, handelte es sich um eine verfallende Landschaft.
Mein Nachbar im Westen, Monsieur Moret, erzählte mir einmal leidenschaftlich: »Mein Sohn hat kein Interesse an Landwirtschaft, er arbeitet in einer Fabrik. Und ich bin froh. Froh! Glücklich, daß er nicht den rückgratbrechenden Kampf sucht, den ich gehabt habe. Schauen Sie mich doch an!«
Und er zeigte mir seine knotigen, gichtigen Hände, deutete auf sein gekrümmtes und verdrehtes Rückgrat.
Viele Bauern in dieser Gegend bearbeiteten kleine, unökonomische Felder, oft mit Hilfe ihrer Frauen; sie säten, pflanzten, düngten und sprühten mit der Hand, pflückten die Feldfrüchte mit der Hand, beugten sich über die Furchen wie auf hundert Jahre alten Gemälden. Der einzige Unterschied zwischen heute und dem letzten Jahrhundert bestand darin, daß sie Traktoren statt von Pferden gezogene Pflüge hatten – und sie hatten moderne Insektenvertilgungsmittel und Dünger. Die körperliche Arbeit war ungeheuer hart. Doch diejenigen, die noch Landwirtschaft betrieben, taten das voller Leidenschaft, wie Monsieur Moret und Monsieur Sabin; sie liebten das Land, liebten es, wie die Erde ihre Früchte hervorbrachte, liebten das wuchernde Wachstum und die großen Ernten der

Provence, liebten ihre Bäume, ihre Früchte und ihr leuchtendes Gemüse.
Sobald das Land brachlag, nicht länger gepflügt und geeggt wurde, gedieh das Unkraut.
»Aber mach dir keine Sorgen«, sagte meine Schwester Nora fröhlich, »sehr bald wird die natürliche Vegetation die Oberhand gewinnen. Das Land wird zu seinem ursprünglichen Zustand zurückkehren ...«
Was hieß: Krüppeleichen, wilder Lavendel, Rosmarin, wilder Ginster, Stechginster, Kiefernwälder, Zistrosen, wilder Immergrün, Thymian ...

14

Ödipus war der Bote für die Katzen des Hauses, der Botschafter, der Troubadour. Er nahm es auf sich, für die anderen den Kontakt mit der weiteren, gefährlichen Welt jenseits des Gartens und des Weinbergs aufzunehmen. Er war geheimnisvoller als die anderen Katzen, wurde von Instinkten getrieben, die stärker waren als Vernunft oder als seine Zurückhaltung, beim Spiel mitzuspielen.

Er war ein sanfter, ziemlich schüchterner Kater – oder zumindest war er nicht aggressiv. Trotz seiner Größe und Kraft fing er nie Streit mit den Eindringlingen im Mas des Chats an. Wenn die mächtigen Männchen unter den Katzen von draußen durch das Katzenfenster schlichen, starrte er sie nur an und war unsicher und nervös – anders als Monsieur le Gris, der versuchte, sie abzuwehren, und fauchte und drohte. In Ödipus' schönem Körper steckte ein Gourmet, der sein Heim und seine Bequemlichkeit liebte und der die Hilfe seiner Mutter immer noch beruhigend fand. Doch er wurde dazu getrieben, nach Norden, Süden, Osten und Westen zu gehen, immer auf der Suche nach dem, was Monsieur Corbet eine *fiancée* nannte. Wider Willen wurde er dazu gezwungen, an den oft wilden Paarungsritualen teilzunehmen.

Er lief in einem flotten Wolfstrab davon und verschwand in

In Ödipus steckte ein häuslicher, die Bequemlichkeit liebender Gourmet.

dem, was genausogut der Amazonas oder die Sahara hätte sein können, was mich betraf. Nur mit einem elektronischen Halsband hätte ich ihn finden können.

Stunden oder Tage später kam er zurück, ausgelaugt, erschöpft, hungrig; er stieß seinen merkwürdigen Schrei aus, wenn er über die Felder rannte, fraß dann riesige Portionen, ruhte sich ein wenig aus, fraß wieder, und dann lief er erneut fort, zum Katzenfenster hinaus, und weg war er. Wenn er nach zwei Tagen nicht wiederkehrte, wurde ich unruhig. Manchmal dauerte es drei Tage und mehr, und danach war ich dann angespannt und erregt.

Ich mochte ihn sehr. Nach Jahren, in denen ich ihm nicht hatte nahekommen können, erlaubte er mir, ihn zu berühren und zu streicheln. Und er begrüßte mich, wenn ich ihn im

Weinberg oder im Garten traf, rieb seinen starken jungen Körper an meinen Beinen und schnurrte wie ein Motor. Seine Zuneigung und sein Vertrauen waren zutiefst befriedigend. Ich hatte das Gefühl, daß Ödipus mich in Kontakt mit der Wildnis brachte – den Wesen des Waldes, den großen Katzen, Löwen und Leoparden ...

So hatte Ödipus eine Doppelrolle. Er verband die Katzen des Hauses mit der Außenwelt – und er war meine Verbindung zum Dschungel.

15

Er war groß und dünn, ungewöhnlich groß für einen Marokkaner – mehr als einen Meter achtzig –, hatte einen schönen, fast kahlen Kopf und feine Züge. Vor allem hatte er ein offenes und charmantes Lächeln. Er hieß Omar. Madame Bartelli drängte mich, ihn als *gardien* einzustellen, flüsterte mir am Telefon fast etwas über ihn ins Ohr mit ihrer sanften, freundlichen Stimme.
»Er ist ein guter Mann«, sagte sie, »sehr, sehr gut – ein unschuldiger Mann, wie ein Kind – und rein wie ein Kind. Er ist wie ein Sohn für mich, ich liebe ihn wie einen Sohn ... Was er braucht«, ihre Stimme war wie das Summen von Bienen an einem Sommernachmittag, »was er braucht, ist Ruhe, etwas Frieden, so daß er die Bibel lesen und meditieren kann. Wo er jetzt ist, kann er das unmöglich – in einem Schlafsaal, umgeben von Arabern ... eine andere Religion ... laut, schmutzig ... während er sauber ist – so sauber ... Sie werden sehen ... Da ist nur eine Sache«, fügte sie hinzu. »Einmal im Monat hat er Besuch, Freunde kommen. Ungefähr zehn oder zwölf – sie besuchen sich, jeder bekommt Besuch von den anderen ... Doch der Besuch dauert nur kurz, nur zur Unterstützung und zur Gesellschaft ...«
So kam Omar eine Zeitlang ins Mas des Chats und sollte hier als *gardien* arbeiten.

Die Situation hatte sich wie folgt entwickelt: Es war zu der Zeit, als ich noch hoffte, jene rein mythische Gestalt zu finden – einen verantwortungsbewußten oder zuverlässigen Menschen oder ein Paar, das im Gartenhaus mietfrei und ohne Nebenkosten leben würde. Im Austausch dafür würde dieser – oder diese – mir ein wenig im Garten helfen, im Sommer die Töpfe auf der Terrasse gießen, zum Beispiel, und sich ein wenig um die Tiere kümmern.
Zufällig erwähnte ich meine Suche zwei jungen Feuerwehrleuten gegenüber, als sie kamen, um eine Katze zu retten – keine von meinen –, die auf dem Dach gelandet war. Einer von ihnen, Madame Bartellis Sohn, sagte, er würde darüber nachdenken und es mich wissen lassen. Seine Mutter, glaubte er, kenne jemanden ... eine lange Geschichte, die mit Religion zu tun habe. Seine Mutter war Mormonin, und die Person, an die sie denke, sei auch Mormone ...
Und so brachte der junge Monsieur Bartelli Omar zu einem Gespräch und zum Tee an einem Sonntagnachmittag im Frühsommer vorbei. Omar trug seine beste Kleidung – ein nüchternes T-Shirt und ein schlechtsitzendes Tweedjackett, das auszuziehen ich ihn bat, da es ein heißer Nachmittag war. Er trug glänzende Schuhe mit dicken Sohlen und eine saubere, adrette Hose, die etwas abgetragen wirkte.
Der junge Monsieur Bartelli hatte ein strahlendweißes Hemd an, frisch gebügelt und tadellos, saubere Jeans und italienische Ledersandalen. Wir alle tranken Tee auf der Terrasse und sprachen über die Möglichkeit, daß Omar als *gardien* ins Mas des Chats kommen würde.
Omar schien sich ziemlich unwohl zu fühlen, dachte ich, und wirkte leicht widerstrebend. Doch er tat so, als sei er begeistert von der Idee, und ich mochte ihn, obwohl ich ziemlich zurückhaltend war, was seine Güte und seine Unschuld an-

ging, wie sie Madame Bartelli mir beschrieben hatte. Ich entschied mich dagegen, ihn in dem kleinen Haus wohnen zu lassen, wollte ihm statt dessen das kleine Gästezimmer geben, das zur Terrasse hinaus ging. Eine Wand vor der Tür, die mit blühenden Pflanzen bedeckt war, sorgte für Abgeschlossenheit. Es hatte ein Bad mit luxuriöser Wanne und Dusche. Ich stattete es mit einem kleinen Kühlschrank, einem winzigen Ofen und einer Herdplatte zum Kochen aus. Das Bett war sehr bequem. Wenn es auch klein war, war es doch ein hübsches Zimmer.

Omar arbeitete auf einer Apfelplantage viele Kilometer weit weg. Er hatte kein Transportmittel, deshalb lieh ihm der junge Bartelli zu meinem Erstaunen seinen alten Lancia, doch Omar mußte das Benzin und die laufenden Kosten bezahlen. Bartelli tat offensichtlich sein Möglichstes, um Omar zu helfen – oder half er in Wahrheit seiner Mutter? »Er muß lesen«, hatte sie mir sanft erzählt, »er muß beten. Er ist der Meinung, daß er dies an einem lauten Ort nicht tun kann, mit all den anderen Leuten und ihrer anderen Religion ...«

Die Apfelplantage war eine Riesenanlage. Omar und die anderen Marokkaner dort machten die körperliche Arbeit – Pflanzen, Sprühen, Pflücken, Beschneiden, Traktorfahren, Einpacken. Sie wohnten in einem großen Schlafsaal, kauften ihr Essen im nahegelegenen Dorf oder aßen dort in Cafés.

Große Transporter kamen aus ganze Europa, um Äpfel aufzuladen und sie nach Schottland, Skandinavien, Deutschland, Belgien zu bringen ... alle Länder im Norden, deren Menschen gern Golden Delicious, Elstar und Royal Gala essen wollten ...

Omar brauchte ungefähr vierzig Minuten, um den alten Lancia vom Mas des Chats zur Apfelplantage zu fahren und morgens und abends zurückzukommen. Er mußte um halb sie-

ben Uhr morgens anfangen, was hieß, daß er sehr früh aufstehen mußte. Doch er hatte zugestimmt, ins Mas des Chats zu kommen, und deshalb einigten wir uns auf ein Datum in drei Wochen. Aus den drei Wochen wurden vier, dann fünf, dann sechs. Omar zögerte seine Ankunft weiter hinaus, und ich fragte mich, ob er wirklich umziehen wollte. Madame Bartelli rief oft an und beharrte sanft darauf, wie sehr Omar sein Privatleben und seinen eigenen Raum wollte und brauchte. Schließlich kam er und blieb eine Nacht. Ein paar Tage vergingen, dann brachte er seine wenigen Habseligkeiten.
Bei jedem Besuch brachte er mir als Geschenk einen klebrigen, nicht eßbaren Kuchen. Jedesmal erzählte er mir, daß er beim nächsten Mal einen noch besseren mitbringen würde, wirklich guten, köstlichen Kuchen. Er wirkte verwirrt, nervös, angespannt. Ich versicherte ihm, er müsse keinen Kuchen oder andere Geschenke mitbringen. Ich war froh, daß er in dem Zimmer lebte, und würde mein Bestes tun, es ihm bequem zu machen.
Schließlich richtete er sich ein – das heißt, er schlief regelmäßig ein paar Stunden im Mas des Chats, stand vor Tagesanbruch auf, tuckerte in seinem Lancia davon und kehrte bei Einbruch der Nacht zurück. Er hatte absolut keine Zeit, um mir irgendwie zu helfen, und um einen Teil der Abmachung zu erfüllen, sprengte er oft um zehn oder elf Uhr nachts den Garten.
Manchmal kam er tatsächlich früher nach Hause – wenn man es wirklich ein Zuhause nennen konnte. Ich sprach mit ihm. Wie war er Mormone geworden?, fragte ich mich, obwohl ich mich zurückhielt, ihn direkt danach zu fragen. Doch er erzählte es mir von sich aus.
Madame Bartelli hatte ihn gefunden (Wie? Wo?), ihn gerettet, ihn zur mormonischen Religion bekehrt. Er stand tief in

Madame Bartellis Schuld. Sie und ihr Mann (der kein Mormone war) hatten ihm sehr geholfen. Sie hatten seinen Aufenthalt in Frankreich legalisiert und den Job für ihn auf der Apfelplantage gefunden. Er war ein unglücklicher, ruheloser Mann, der arme Omar. Es stellte sich heraus, daß er eine Frau und Kinder in Marokko hatte, doch er wollte nicht dorthin zurückkehren. Dem Gesetz nach mußte er jeden Monat zweitausend von seinen verdienten viertausend Francs an seine Frau schicken, doch sie lebte mit einem anderen Mann (bei diesem Thema wurde er vage und unsicher).

Danach wurden die Tage, an denen Omar zu einer vernünftigen Zeit heimkam, immer seltener. Selbst am Wochenende sah man ihn im Mas des Chats nicht. Es schien sehr wenig Gelegenheit für ihn zu geben, die Bibel zu lesen, zu beten und im Einklang mit sich selbst zu sein.

Ich spähte durch die Glastür in sein Zimmer und blickte auf ein Chaos: ein zerwühltes Bett, Kleidung auf dem Boden verstreut, hier und da Essen – ein großes Durcheinander. Als ich das nächstemal die Gelegenheit hatte, ihn zu sprechen, sagte ich: »Omar, ich glaube nicht, daß Sie wirklich hier sein wollen. Ich glaube, es ist Madame Bartelli, die will, daß Sie hier sind. Sie wären viel besser dran auf der Apfelplantage, wenn Sie nicht zweimal am Tag die Fahrt machen müßten ...«

Ein breites Lächeln erschien auf Omars Gesicht. Er klopfte mir leicht auf den Arm mit seiner feinen, knochigen Hand. »Sie sind eine sehr schlaue Frau«, sagte er freundlich, »Sie sind sehr weise.«

Und er lachte glücklich, und wir vereinbarten, daß er sobald wie möglich das Mas des Chats verlassen und wieder in den Schlafsaal zurückkehren sollte. Er war ungeheuer erleichtert, denn es hatte sich herausgestellt, daß der alte Lancia sehr viel Benzin verbrauchte. Diese Ausgabe war eine Extralast für ihn.

Ich gab Omar das kleine Gästezimmer, das zur Terrasse hinaus ging.

Doch wie sollte er es Madame Bartelli beibringen? Ich sagte ihm, er solle es mir überlassen. Ich rief sie an und erklärte es ihr so taktvoll wie möglich.
»Er findet die Fahrt schwierig und ermüdend.« Er müsse so früh aufstehen und so spät heimkommen, habe keine Zeit, im Garten zu helfen ...
Sie lachte ein wenig traurig ... vergab ihm jedoch. Erzählte mir noch einmal, wie gut er sei, wie rein, wie ein unschuldiges Kind ... Sie empfand für ihn wie für einen Sohn.
Und so sammelte Omar schließlich seine Habseligkeiten zusammen – dies dauerte eine Zeitlang – und ließ sich wieder auf der Apfelplantage nieder. Sein kleines Zimmer wurde in keinem besonders sauberen Zustand hinterlassen, doch das war verständlich.

Er besuchte mich noch ab und zu. Nun war es Herbst, und die Äpfel wurden geerntet.
Bei seinen Besuchen, die immer unerwartet und unangekündigt waren, brachte Omar Riesenmengen Äpfel zweiter Klasse mit, diejenigen, die fürs Verpacken nicht geeignet waren und die die Arbeiter umsonst haben konnten. Er kündigte sich mit strahlendem Lächeln an und sagte: »Sie sind mein Vater und meine Mutter, meine Familie, und deshalb besuche ich Sie ...« Er glaubte, daß ich irgendwie an höherer Stelle Einfluß haben könnte, um ihm zu helfen, doch ich besaß keinen solchen Einfluß. In Wirklichkeit wollte er nach Kanada oder Australien gehen.
»Eher Kanada«, schlug ich vor. »Dort sprechen sie Französisch, und Sie sprechen kein Englisch.« Es war schwierig, dort eine Arbeitserlaubnis zu bekommen, eine Aufenthaltserlaubnis, eine Einreiseerlaubnis. Er hatte von einem Mann gehört, der es für eine große Summe arrangieren konnte. Ich riet ihm sehr davon ab, jemandem etwas dafür zu zahlen. Der Mann würde sein Geld stehlen, und er bekäme keine Erlaubnis. Omar stimmte traurig zu, daß dies möglich sei. Die französische Regierung erlaubt es marokkanischen Arbeitern, die keine französischen Bürger sind, für neun, höchstens zehn Monate jährlich in Frankreich zu bleiben, dann müssen sie nach Marokko zurück. Bevor sie nach Frankreich zurückkommen, müssen sie sich auf dem französischen Konsulat in Marokko melden und sich ärztlich untersuchen lassen – um so ein Zeugnis zu bekommen, das für die Wiedereinreise unerläßlich ist. Am Ende seiner Arbeitsperiode auf der Apfelplantage würde Omar wieder nach Marokko gehen müssen. Dies wollte er absolut nicht und bettelte mich an, ihm zu helfen, in Frankreich bleiben zu können.
Ich fuhr hinüber zur Apfelplantage. Es war zwei Uhr. Die

marokkanischen Arbeiter versammelten sich und stiegen in Lastwagen, um in die verschiedenen Teile der Plantage zur Ernte gefahren zu werden. Sie sahen eher wie eine Gruppe Sklaven aus – nur daß sie freiwillig hier waren, da sie nicht die Möglichkeit hatten, sich in ihrem Land ihren Lebensunterhalt zu verdienen – trotzdem bekamen sie nur einen Minimallohn bezahlt. Ich beobachtete, daß Omar eine Art Vorarbeiter war, ein Anführer. Er war entzückt, mich zu sehen. Meine Anwesenheit hob seinen Status erheblich. Er nannte mich mehrmals laut »Doktor«.

Ich sprach mit dem französischen Vorarbeiter. Gab es keine Möglichkeit, daß Omar in Frankreich bleiben dürfte? Keine. Dem Gesetz nach mußte er für ein paar Monate zurückkehren. Wenn er keine ständige *carte de séjour* bekäme, was so gut wie unmöglich war, mußte er zurückgehen.

Omar war verzweifelt.

Er würde wieder in den Untergrund abtauchen oder er würde ein französisches Mädchen heiraten. »Aber Sie sind doch schon verheiratet ...« Er würde sich scheiden lassen und ein französisches Mädchen heiraten – es gab welche, die dies für die Aufenthaltserlaubnis taten ... Er würde an Präsident Mitterand schreiben ... Wenn er nur einen Job für ein ganzes Jahr bekommen könnte – einen ständigen Job bei Leuten, die sich dann um eine Arbeitserlaubnis für ihn bewarben ...

Ich kannte ein belgisches Paar, zwei Männer, die sehr aneinander hingen und nach einem *gardien* suchten. Sie brauchten einen Mann und eine Frau – oder zwei Männer –, einer für den Garten und den anderen fürs Haus.

Ich erwähnte Omar als eine Möglichkeit, zumindest für die Arbeit im Garten.

Yves, der ältere, dachte darüber nach, brütete ein wenig. Er kannte Marokkaner, die alles im Haus machen konnten, kochen, waschen, bügeln ... Er dachte vielleicht an einen schweigsamen, leisen Diener in einem der großen Hotels in Marrakesch oder Rabat. Ich sagte nervös, weil ich mich an den Zustand von Omars Zimmer erinnerte, daß ich nicht glaubte, daß Omar so sei, doch ich sei sicher, daß er im Garten arbeiten könnte – und daß er ein zuverlässiger *gardien* sei. Sie wollten ihn sich ansehen und dann entscheiden. Der arme Omar kam von dem Gespräch beleidigt und gedemütigt zurück. Sie hatten ihn gefragt, ob er Betten machen, bügeln und kochen könne.

Wäre er weniger kindlich und gewitzter gewesen, hätte er ihre Frage bejaht, wäre eingestellt worden und hätte später gekündigt oder wäre entlassen worden. Zumindest hätte er einen Platz zum Atmen gehabt und wäre vor der Polizei sicher gewesen. Wahrscheinlich war er zu nervös und zu empfindlich. Doch in einem Land, in dem der Algerienkrieg noch nicht vergessen war, war das verständlich.

Nicht lange danach verschwand er. Es gab keine Besuche, kein Wort mehr. Vielleicht war er nach Afrika zurückgegangen, wie das Gesetz es verlangte – oder vielleicht lebte er illegal in Frankreich und versteckte sich vor der Polizei.

Dann hörte ich, daß Madame Bartelli – diese körperlose perlende Stimme (ich hatte sie nie gesehen) – plötzlich ihren Mann verlassen hatte und nun in einer Mormonensiedlung in Marseille lebte.

Hatte sie Omar mitgenommen?

Er verschwand – wie in einem Traum.

16

Das *British Medical Journal* kam regelmäßig jede Woche ins Mas des Chats, säuberlich verpackt in seinem biologisch abbaubaren, recycelbaren Plastikumschlag. Es kam, wenn andere Post nicht kommen konnte, aufgehalten von Poststreiks, Blizzards oder Stürmen. Egal, wie das Wetter oder die Welt beschaffen war, das *British Medical Journal* kam irgendwie durch und lag dort, wie von Zauberhand, in dem Briefkasten unter den Bäumen an der Ecke der kleinen Straße. Manchmal öffnete ich es sofort, manchmal legte ich es zur Seite, um es ein andermal aufzumachen.

An diesem Tag begann ich es zu lesen. Katy, die von ihrer Nahrungssuche unter der Zypressenhecke zurückkehrte, sah mich im Sonnenschein auf einer Bank sitzen. Sie sprang auf meinen Schoß und fing an, zu schnurren. Das Heft öffnete sich bei einem Artikel.

Ein bedeutender Professor, Mitglied der Royal Society, diskutierte die Ergebnisse seiner Experimente mit Katzen, bei denen er an verschiedenen Stellen im Katzenkörper Nerven durchtrennt und die Wirkung nach angemessener Zeit untersucht hatte.

Ich betrachtete die bezaubernde Katy, die es sich gemütlich machte und dabei laut schnurrte.

Ich sah die bezaubernde Katy an, die sich schnurrend niedergelassen hatte.

Hätte der Professor die Nerven an seiner eigenen Hauskatze durchtrennen können, seines Tibbles, Samson oder seiner Susie? Ich glaubte es nicht. Irgendwo in der Ferne, in den Tiefen eines scheußlichen, von Neon erleuchteten Labors, schrie ein Tier und kauerte sich in die hinterste Ecke seines Käfigs, nur damit man es hervorzerrte und verstümmelte – hilflos, leidend und allein.

Katy gähnte, streckte ihre Krallen auf meinem Knie aus und rannte maunzend davon; das *British Medical Journal* fiel zu Boden. Wo ich es liegenließ.

17

Billy erholte sich langsam von den Nachwirkungen des Hungerns, der Kälte und den Verletzungen an seinem Körper, und er erholte sich auch von Furcht und Sorgen. Es dauerte, doch ungefähr sechs Monate, nachdem er im Mas des Chats aufgenommen worden war, war er ein anderes Tier, ein ziemlich hübscher Hund. Er hatte dichtes, drahtiges ingwerfarbenes Haar, das seinen ganzen Körper bedeckte. Seine Gliedmaßen wurden kräftiger, und er war ruhig.
»Er ist ein junger Hund«, sagte der Tierarzt, *docteur* Calan, bei einem seiner Besuche bei einem kranken Tier im Haus. »Nicht älter als fünf, wenn überhaupt.«
Docteur Calan, einer der Tierärzte in *docteur* Lamartins großer Klinik, untersuchte Billys Ohr, das geeitert hatte, seit er im Mas war, und das trotz Ohrentropfen und verschiedener Antibiotika nicht besser wurde. »Vielleicht ist etwas darin, was ich hier nicht sehen kann. Ich muß ihn mit in die Klinik nehmen und ihn richtig untersuchen.«
So fuhr Billy mit *docteur* Calan fort, er schien an Autofahrten gewöhnt zu sein, und blickte sich ernst um.
Drei oder vier wilde, festsitzende Zecken wurden schließlich aus seinem Ohr entfernt. *Docteur* Calan legte sie in ein Glasröhrchen, damit ich sie sehen konnte.

Der arme Billy hatte noch andere Probleme, bevor er gesund und frei von Infektionen und Parasiten war.

Einmal kam er von einem Ausflug über die Felder zurück und war bedeckt mit kleinen runden Zecken, die ein Tier töten können, so heftig saugen sie das Blut ihres Wirtes aus. Der Tierarzt erzählte mir, daß jedes Jahr mehrere Hunde sterben (in der Jahreszeit, wenn Zecken auftreten und überhandnehmen), wenn sie schwer davon geplagt werden. Ein anderes Mal, als Billy weglief, kam er voller kleiner Wunden zurück, die wahrscheinlich von einer Schrotflinte verursacht worden waren. Eine solche Wunde hatte er am Knie, das geschwollen war und schmerzte.

Die Behandlung, die er bekam, Antibiotika mit Kortison, brachte ihn fast um. Wir entdeckten, daß er allergisch gegen Kortison war. Er hatte einen akuten Herzanfall, und seine Atmung war nicht mehr normal; es dauerte einige Wochen, bis der normale Rhythmus sich wieder einstellte. Er sei zur Jagd gezüchtet worden, erklärte man mir, mit seinen langen spanielähnlichen Ohren und einer langen Nase, die in großer Entfernung eine Fährte aufspüren konnte.

Ein junger Mann aus dem Schuhgeschäft in Saint-Rémy, Sohn des Besitzers und einst ein eifriger *chasseur*, erzählte mir, Billy sei ein Fauve de Bretagne. Der junge Mann hatte ein Buch über Jagdhunde, das er mir zeigte. Darin war ein Bild von einem Fauve de Bretagne, das, so dachte ich, Billy ähnelte.

Doch bei einem unserer Spaziergänge begegnete ich einem alten Mann, der einen echten Fauve de Bretagne an der Leine führte. »Ist er ein Fauve de Bretagne?« fragte ich.

Er sah Billy kritisch an.

»Nicht wirklich.«

»Hat er denn etwas vom Fauve de Bretagne in sich?«

Sobald sich Billy im Mas des Chats sicher fühlte, lief er nicht mehr allein weg. Und seine Augen, die einstmals schwarz vor Schmerz gewesen waren, leuchteten nun vor Glück.

»Nicht viel«, antwortete er freundlich.
Doch das war, bevor Billys Fell dicht und kraus wurde und bevor er Schnurrbart, Bart und struppige Augenbrauen bekam, die typischen Kennzeichen eines Fauve. Mir war es egal, was er war, ein Mischling oder ein Rassehund, es interessierte mich nur allgemein. Er war ein zauberhaftes Tier und sehr gutmütig. Sobald er sich im Mas des Chats sicher fühlte, lief er nicht mehr allein weg.
Er hatte in seinen Anfängen im Mas die traurige, liebe Angewohnheit gehabt, kleine Besitztümer anzuhäufen und sie als ein geheimes Lager für schlechte Zeiten aufzubewahren – Teile trockenen Brotes, Hundekuchen, Kissen, Mäntel,

Handtücher. Immer wieder schnüffelte er an seinen Habseligkeiten, um sich sicher zu fühlen.

Als er ein echtes Mitglied des Haushalts vom Mas des Chats wurde, ließ diese Angewohnheit allmählich nach. Doch manchmal fand ich ein Stück Brot, das er aus dem Napf für die hungrigen, streunenden Hunde genommen hatte, in Billys Bett, oder auch ein Spielzeug, das er den Katzen gestohlen hatte.

Sein Schlaf wurde ruhiger. Früher waren seine Träume Alpträume gewesen, die ihn im Schlaf vor Angst aufschreien ließen, doch langsam veränderten sich die Träume. Er jagte oder rannte, seine Pfoten zuckten, und er gab kleine erregte Japser von sich.

Und seine Augen, die einstmals schwarz vor Schmerz gewesen waren, leuchteten vor Glück.

Mein anderer Neuankömmling, die freundliche Sugar, war weiterhin eine warmherzige und fröhliche Katze. Sie war außergewöhnlich anhänglich und überhaupt nicht eifersüchtig; sie hatte großes Vertrauen in ihre Attraktivität und ein starkes Selbstwertgefühl – der Vorteil, wenn man als Kätzchen sehr liebevoll behandelt wird, schloß ich daraus –, obwohl ich natürlich nichts über ihr früheres Leben wußte.

Früh am Morgen, nach einer Nacht, in der sie, wenn das Wetter es zuließ, immer wieder im Garten gejagt hatte, kam sie herauf ins Schlafzimmer. Wenn das Wetter kälter wurde, wärmte sie sich an der Heizung, bevor sie vorsichtig übers Bett schlich und dabei jedes andere Tier vermied, das dort schlief; dann legte sie sich auf meine Brust und schnurrte laut.

Manchmal machte sie eine Bemerkung mit ihrer Altstimme

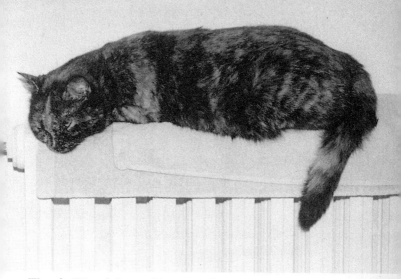

Wenn das Wetter kälter wurde, wärmte sich Sugar an der Heizung, bevor sie vorsichtig auf mein Bett kam.

und streckte eine weiche Pfote aus, die sie fest auf meinen Mund legte. Dann putzte sie mein Gesicht mit ihrer freundlichen, rauhen Zunge, machte deutlich, daß sie mich mochte, biß mir zart in die Hand und zog sich für den Tiefschlaf auf die Heizung zurück. Tagsüber schlief sie und fraß zwischendurch, um sich für eine weitere Jagdnacht vorzubereiten. Und wenn noch Zeit übrigblieb, amüsierte sie sich mit Baby, der einzigen weiblichen Katze, die nicht eifersüchtig auf sie war.

Monsieur le Gris konnte, sosehr er sich auch bemühte, nichts tun, um ihr Selbstvertrauen zu erschüttern, um das ich sie beneidete und das ich bewunderte.

18

In jenem Herbst umkreisten jede Nacht viele Eulen das Mas des Chats. Der erste vorsichtige Ruf klang wie der Schrei eines Tieres und ließ mich aufhorchen – eine Katze? Ein Hund? Dann ertönten die langgezogenen heulenden Töne, hohl und widerhallend. Von Baum zu Baum flogen sie und riefen mit melancholischem Eifer.

Im Herbstregen waren auch die großen Kröten zu hören, ein langsames, silbriges Quaken voll tiefer Zufriedenheit. Und der Regen brachte Blumen auf die Felder und an die Ufer der Kanäle: grellgelb, eigelb, weiß und malvenfarben. Weiße und rosafarbene Gänseblümchen auf langen dünnen Stengeln wuchsen im Gras.

Die englischen Primeln begannen plötzlich zu blühen, unschuldige weiße Gesichter blickten in die Höhe. Das rauhe, kalte und nasse Wetter muß ihnen wie ein englischer Frühling vorgekommen sein.

Eines Morgens in der Frühe – ein bewölkter und regnerischer Tag, dann eine Aufhellung mit hellblauem Himmel, dann wieder Regen – hörte ich ein fremdes Bellen ... war es ein Bellen? Eher der Schrei eines verzweifelten Kamels oder ein anderes stöhnendes, müdes Wesen – Schaf oder Ziege, aber kein Hund.

Dann war es eine Zeitlang still, und dann hörte man den Laut wieder – und wieder – und nach einer weiteren Pause noch mal. Der Schrei schien von irgendwo im Weinberg zu kommen. Ich ging hinaus, um nachzusehen. Etwas lag in dem Flüßchen, das den Weinberg entlangfloß und das Mas des Chats von dem Feld der Corbets trennte. Aus der Entfernung schien das Ding im Wasser ein großes, blasses Lebewesen zu sein, ein Schaf oder ein Hund, der im Wasser gefangen war und sich nicht rühren konnte.

Es stellte sich als ein großer, durchnäßter Hund heraus, ein riesiger alter Spaniel, der zwischen großen Steinen unter einer kleinen Fußgängerbrücke eingeklemmt war, unfähig, sich zu bewegen und sich in Sicherheit zu bringen, indem er das Ufer hinauf auf festen Boden kletterte. Er sah mich aus rheumakranken, vielleicht blinden Augen an, die die Farbe von Brombeeren in einem weißen Gesicht hatten. Zuerst versuchte er in seiner Not, mich zu beißen, dann begriff er, daß ich ihm helfen wollte. Es gab Schwierigkeiten, denn er war schwach und sehr groß. Um ihn zu befreien, mußte ich die verrotteten Planken und Holzteile, die die Brücke bildeten, wegräumen. Mit all meiner Kraft zog ich ihn dann heraus, eine schwere Last.

Sobald er sich auf festem Boden befand, lief er fort – oder vielmehr hinkte und humpelte er, doch er bewegte sich schnell, und ich sah, wie er Madame Corbets Veranda erreichte. Dort legte er sich hin, um auszuruhen. Ich hätte ihn mit ins Mas des Chats genommen, um ihm Unterkunft und Futter zu geben, doch sobald er mich erblickte, lief er erschreckt davon. Wieder fiel heftiger Regen. Der Hund war verschwunden, und ich ging zurück zum Haus. Bald sah ich ihn wieder, wie er den Swimmingpool umkreiste. Ich stellte einen Futternapf unter einen Busch und ging ins Haus.

Er fraß gierig und lief zurück zu der Stelle, an der er in das Flüßchen gefallen war. Dort fand ihn der collie-ähnliche Hund von nebenan, ein langnasiges, gutzerzogenes, aristokratisches Tier, das gerade seinen täglichen Spaziergang machte. Der arme alte Spaniel, der nun völlig erschöpft war, brach auf dem nassen Boden zusammen. Der Collie wedelte mit dem Schwanz und untersuchte ihn vorsichtig, als er auf dem Rücken lag, die Pfoten in der Luft. Deshalb konnte ich ihn packen, ihn am Genick festhalten und in das kleine Gästezimmer zur Terrasse hin im Mas des Chats befördern. Er lag auf dem Boden und war am Ende seiner Kräfte. Er war sicher sehr alt, weiß im Gesicht, ein riesiger, blasser Spaniel mit langen Schlappohren, und sein Fell hatte helle kastanienbraune Flecken. Ich dachte, er sei taub und sicher völlig verwirrt. Ich trocknete ihn ab und legte ihn auf eine alte Matte. Ich deckte ihn zu, um ihn warmzuhalten, und ich gab ihm Futter und Wasser. Nachdem er gefressen hatte, lag er da und bewegte sich kaum, so erschöpft war er. In seinen Ohren hatten sich so viele Kletten verfangen, daß ich eine Schere holen mußte, um ihn davon zu befreien.

Was war zu tun?

Ich setzte mich hin, um nachzudenken.

Ich mußte, wenn möglich, seinen Besitzer finden. Aber zuerst mußte ich den Tierarzt anrufen.

Ja, eine Frau habe angerufen, ein großer Hund mit kastanienbraunen Flecken sei auf der Straße nach Orgon verlorengegangen. Sie hatte ihr Telefonnummer hinterlassen.

Die Telefonnummer gehörte zu einem höflichen Mann in einem Versicherungsbüro, der nichts von verlorenen Hunden oder auch von Frauen, die den Tierarzt angerufen hatten, wußten. Auch die Polizei wußte nichts von großen, weißen verlorenen Spaniels.

Die Stelle des Flusses, wo ich Oscar fand.

Einen Augenblick lang überwältigte mich Hoffnungslosigkeit. Sollte ich für den Rest seiner alten Tage mit diesem großen Tier belastet sein? Er schien zusätzlich für all die anderen Tiere im Mas des Chats eine zu große Bürde zu sein.
Dann kehrte meine Kraft zurück.
Es würde eine Lösung geben, es gab immer eine Lösung. Ich mußte einen Plan machen – doch zuerst mußte ich in der Nachbarschaft herumfragen. Es war möglich, wenn auch sehr unwahrscheinlich, daß jemand etwas über ihn wußte. Caramel und Billy sprangen ins Auto, und wir fuhren los.
Mein erster Besuch galt Madame Sarlat an der Straße nach Les Baux. Sie kannte mich von früheren vergeblichen Suchaktionen nach Katzenbesitzern – oder wenn ich nach meinen eigenen, weggelaufenen Tieren suchte.

Sie stand in ihrem Vorgarten, ein Glück. Wir begrüßten uns und sprachen über unsere gemeinsame Freundin, meine Nachbarin Madame Corbet. Dann fragte ich, ob sie jemanden kenne, der in der Gegend einen Hund verloren hatte. Mißtrauisch sagte sie:
»Was für einen Hund?«
Ich beschrieb ihn: weiß, groß, alt, braune Flecken, ein Spaniel ...
Sie hörte aufmerksam zu. Dann sagte sie: »Lange Ohren? Herunterhängende Ohren?« Sie machte eine Handbewegung an ihrem Ohr, um die Länge der Spanielohren anzuzeigen.
»Genau«, antwortete ich. In diesem Moment fragte ich mich, ob sie sagen wollte, daß sie nichts über einen solchen Hund wisse, doch zu meiner Erleichterung fuhr sie fort, ja, wenn ich mir wegen der Ohren sicher sei ...
Wieder machte sie eine Pause, dann sagte sie, eher widerstrebend, wie mir schien: »Das ist wahrscheinlich Oscar.«
»Oscar?«
»Madame Henris Hund.« Madame Henri war am frühen Morgen vorbeigekommen, um zu fragen, ob Oscar gesehen worden war. Er war in der Nacht verschwunden. »Gehen Sie hin und fragen Sie dort«, schlug sie vor und beschrieb, wo sie wohnte. Wir plauderten noch eine Weile, doch ich konnte es kaum erwarten, schnell ins Mas zu fahren, wo Monsieur und Madame Henri lebten.
Auf dem Weg dorthin fiel mir ein, daß Madame Sarlat nicht gerade sehr erfreut gewirkt hatte, daß Oscar aufgetaucht war. Vielleicht, dachte ich, sind sie und die Henris nicht befreundet.
Links an der Kreuzung, die erste Kiesstraße rechts; wir waren da.
Ein merkwürdiger Ort – eher wie ein Zoo, nur daß die Tiere in

den Käfigen alles Haustiere waren: Hunde aller Rassen und Farben, Enten, Gänse, Schafe, alle möglichen Hühner, Hähnchen und Kaninchen ...

Gerade als ich den großen Limonenbaum erreichte, der einer gepflasterten Terrasse neben ihrer Haustür Schatten spendete, kamen Monsieur und Madame Henri inmitten eines ohrenbetäubenden Gebells von ihrer Arbeit auf den Feldern zurück; sie sahen ernst drein und blickten beunruhigt auf diese seltsame, lächelnde *étrangère*.

»Ich glaube, ich habe Ihren Oscar«, sagte ich fröhlich. Sie schienen nicht zu begreifen.

Ich versuchte es wieder.

»Haben Sie einen Hund namens Oscar«?

Sofort wurden ihre Gesichter angespannt und besorgt.

»Ja ...?«

»Ich habe ihn gefunden.«

Ihr Gesichtsausdruck veränderte sich – doch zu meinem Erstaunen zeigte sich nun auf ihren Gesichtern tiefste Düsternis und Sorge.

»Ist er tot?«

»Nein, nein. Absolut nicht – er ist sehr lebendig.«

Sie konnten es kaum glauben.

»Er lebt?«

»Absolut. Ich habe ihn unten im Mas.«

»Er ist nicht tot?«

»Nein, nicht tot.«

Als sie am frühen Morgen festgestellt hatten, daß der alte Hund verschwunden war, hatten sie sich einzureden versucht, daß Oscar wisse, sein Ende sei nahe, daß er, gemäß einer alten Vorstellung, zum Sterben fortgegangen sei. Dieser Gedanke saß so fest in ihren Köpfen, daß es schwer für sie war, das Gegenteil zu akzeptieren. Doch als sie schließlich begriffen,

daß Oscar lebte, waren sie überwältigt, aufgeregt und glücklich. Oscar war ihr liebstes und ältestes Haustier.
Sie zeigten mir sein Reich, eine Art Scheune voller Gartengeräte, die zur Terrasse hinaus ging. Sie erklärten, daß man die Tür immer offen lassen müsse, da Oscars Blase im Alter schwach geworden sei und er von Zeit zu Zeit nachts hinausgehen müsse.
Die Umstände seines Weglaufens wurden mir beschrieben – doch zuerst mußten sie erklären, daß er nicht mehr ganz richtig im Kopf sei – ein wenig gestört – nur das Alter –, so etwas kommt bei alten Leuten vor.
Dann erzählte Monsieur Henri die Geschichte. Er hatte in der Nacht zuvor nicht gut geschlafen. Nachdem er sich ruhelos hin und her gewälzt hatte, hatte er sein Bett verlassen und sich in das Zimmer genau über Oscars Hütte gesetzt. Es war gegen drei Uhr nachts. Er hatte gehört, wie Oscar hinausschlich – wahrscheinlich, um seine Blase zu leeren. Dann war es still, und für ihn war es selbstverständlich, daß Oscar in sein Bett zurückgekehrt war.
Doch dann muß Oscar auf seine geistesgestörte Art beschlossen haben, spazierenzugehen. Wahrscheinlich war er einfach immer weiter gelaufen und schließlich war er ins Wasser gefallen, wo ich ihn gefunden hatte.
Um sechs Uhr morgens standen die Henris auf und entdeckten, daß Oscar fort war. Sie suchten überall, gingen bei den Nachbarn vorbei und kamen schließlich zu dem Schluß, daß Oscar fortgegangen war, um zu sterben – denn das tun alte oder kranke Tiere angeblich, wenn sie den Tod nahen fühlen.
Auf jeden Fall beschlossen die Henris, daß er tot sei, und dieser Gedanke saß so fest in ihren Köpfen, daß sie bereits um Oscar trauerten. Wir fuhren sofort alle los, um Oscar heimzu-

bringen, ich und die zwei Hunde in meinem Auto, die Henris in einem kleinen Lieferwagen mit Henris Matte und Decke.
Bevor wir losfuhren, gaben sie mir sechs frische Eier und drei wunderbar frische Salatköpfe.
Als Madame Henri Oscar sah, liefen ihr Tränen über die Wangen.
Sie hatte strahlendblaue Augen und feine Züge in einem abgearbeiteten Gesicht. Sie und ihr Mann müssen erschöpft gewesen sein von der Arbeit, die die Pflege der Tiere und die Bestellung der Felder erforderten, auf denen sie Gemüse für den Markt anbauten.
Oscar hatte sich kaum bewegt, seit ich ihn verlassen hatte. Madame Henri kniete sich hin und sprach mit ihn, streichelte seine Stirn und umarmte ihn.
Oscar schien sie nicht zu erkennen. Sie halfen ihm auf und brachten ihn hinaus. Dort stolperte er im Kreis herum und wirkte wie betäubt. Er konnte sie natürlich nicht hören, und vielleicht konnte er sie auch kaum sehen oder riechen. Schließlich überredeten sie ihn, zu dem Lieferwagen zu humpeln, wo sie ihn hinten hinaufhoben.
Madame Henri, die immer noch leise weinte, kletterte neben ihn. Sie dankten mir nochmals. Monsieur Henri erzählte mir, daß ich nicht wissen könne, was für eine Riesenfreude ich in ihr Leben gebracht habe, und strahlend fuhr er los. Ich winkte. Caramel und Billy konnten mit der Episode zwar nichts anfangen, doch ich freute mich.

19

Meine englische Katze Rosie hatte immer die Ansicht vertreten, daß es das beste wäre, der Natur ihren Lauf zu lassen. Die Schwachen und Untauglichen sollten, gemäß den Evolutionsgesetzen, wie sie Darwin aufgestellt hatte, ausgemerzt werden. Nur die Starken und Fähigen sollten überleben. Sie führte ihr Leben nach diesen Regeln und versuchte, mich dazu zu überreden, zu akzeptieren, was sie als unausweichlich ansah – den Sieg der Instinkte über die Vernunft. Sie arbeitete schwer daran, ihr Gebiet zu schützen und zu bewahren, die loszuwerden, die versuchten, sich einzuschleichen, und sicherzustellen, daß nur die Elite (das hieß sie) die örtliche Regierung beherrsche.

Meine eigenen Ansichten waren den ihren diametral entgegengesetzt. Ich versuchte dauernd, sie dazu zu überreden, zu leben und leben zu lassen. Ständig rettete ich Lebewesen, die sie hätte sterben lassen. Unaufhörlich brachte ich die Tiere des Hauses zur medizinischen Behandlung, wenn sie sie brauchten, versuchte verzweifelt, sie unter allen Umständen zu retten. Das, so sagte ich Rosie, sei der Beitrag des Menschen zur Lage der Dinge, daß er die Schwachen, Kranken und Gebrechlichen pflegte und heilte.

Doch noch während ich ihr vorschlug, diese Ansichten zu akzeptieren, erschütterte das heftige Geräusch von Gewehr-

Rosie hatte sich immer als Mitglied einer Elite betrachtet.

feuer das Mas, ein schrecklicher Knall nach dem anderen, der von den Feldern zwischen den Zypressenhecken in der Nähe kam. Die Schüsse wurde von den *chasseurs* abgefeuert, die geschäftig versuchten, das Leben der Vögel in der unmittelbaren Nachbarschaft auszulöschen.

Monsieur Mercier und ich sprachen über die Jäger in einem unserer vielen Gespräche über den Zustand der Welt. Er erzählte mir, wie ihm ein Rotkehlchen folgte, während er auf seiner Parzelle arbeitete, fast auf seinem Stiefel saß, während er die Erde umgrub. Er war sich sicher – oder zumindest ziemlich sicher –, daß es dasselbe Rotkehlchen war, das jedes Jahr auf sein Feld kam. Es war ein zutraulicher kleiner Vogel, und er hatte das Gefühl, daß er nur da war, weil er begriff – oder er spürte –, daß er ihm kein Leid antun würde, und dies ließ sich auch über die Drosseln, Amseln und anderen Vögel bei ihm sagen. Er war der einzige Mann im *Quartier des Jardins*, der versuchte, Leben zu erhalten. Um ihn herum legten die Leute Tonnen von Insektiziden und anderen Giften auf ihren Tomaten, Salatköpfen, Kirschen und Aprikosen aus. Überall um ihn herum schossen die Männer auf die Amseln, die Drosseln und auf alles, was sich bewegte – einfach nur aus Freude am Schießen.

»Wenn sie alles getötet haben und nichts mehr zum Abschießen bleibt«, sagte er, »werfen sie ihre Hüte in die Luft, damit sie auf etwas schießen können. Sie schießen auf Schmetterlinge – auf alles mögliche ... Glauben Sie nicht«, fügte er hinzu, »daß es nur die Bauern und die Jungen sind, die nichts Besseres zu tun haben. Die Geschäftsleute, Ärzte, Anwälte und Parlamentsmitglieder kommen in die Camargue und zahlen Tausende von Francs pro Tag, weil sie das Töten lieben. Menschen lieben das Töten. Etwas anders zu denken wäre *hypocrite* ...«

Und während er dies sagte, erschütterte eine weitere Salve von Gewehrschüssen von den nahegelegenen Feldern die Luft und meine Ansichten über menschliches Mitleid.

20

Jeden Tag ging ich mit den Hunden spazieren. Bevor es Billy gab, spazierten Caramel und ich in der Gegend umher und entlang der Ufer des Canal des Alpilles, des größten Kanals des Gebiets. Der Weg war grasbewachsen, im Sommer schattig und im Winter vor dem Mistral geschützt. Außer am Wochenende sahen wir kaum jemanden.

Sonntags wimmelte es in den Alpilles von Wanderern. »Wimmeln« ist vielleicht eine Übertreibung. Es gab viele Wanderer und auch Radfahrer. Manchmal kamen die Leute in Gruppen, vielleicht ein Klub aus einer Kleinstadt der Region. Alle waren bunt gekleidet, trugen windfeste, wasserabstoßende, moderne Stoffe in Lila und Scharlachrot, Türkis und Gelb, Aquamarinblau und Pink – und ihre ausgefeilten Schuhe paßten dazu. Während der Woche jedoch waren wir normalerweise allein; doch eines Tages wurden wir an einer Strecke des Kanals, wo das Wasser tief war und schnell floß, von einem älteren Mann mit zwei sehr großen und wilden schwarzen Hunden überholt. Der Besitzer, der dünn und gebrechlich war, trug eine blaugraue Mütze und ausgefranste Jeans. Er sagte höflich *bonjour*, nickte und wollte vorbeigehen, als sich zu meinem Entsetzen die beiden Hunde zähnefletschend und mit drohendem Knurren auf die arme Caramel stürzten. Die

kleine Hündin muß sehr erschrocken gewesen sein, behielt jedoch einen klaren Kopf. Sie flitzte den Uferhang des Kanals hinab, außer Reichweite der angreifenden Hunde. Man hörte ein leises Plop, als sie ins Wasser fiel, doch sie krabbelte sofort wieder heraus und legte sich – auf Höhe der Wasseroberfläche – in ein Loch im Ufer, das vielleicht das Heim einer Wasserratte war. Dort war sie sicher, doch die großen Hunde lauerten am Ufer über ihr und bedrohten sie weiter. Ihr Besitzer begann, sie sanft zu schimpfen.
»Kaa!« sagte er zu dem Weibchen, das der aggressivere Hund von beiden war. »Kaa! Ce n'est pas gentil! Un si petit chien! Ce n'est pas gentil, Kaa!« In seinem Bemühen, Kaa zu überzeugen, kniete er sich hin und spähte hinunter; dabei sah er in Caramels samtig braune Augen genau über der Wasseroberfläche. »Il est si petit, Kaa! C'est ignoble!«
Schließlich überredete er die beiden, weiterzugehen. Sie wollten gerade abziehen, als er stehenblieb, um eine anmutige Entschuldigungsrede zu halten. Ich wollte nur Caramel retten, die inzwischen sicherlich fror und zitterte. Sie gingen weiter, und wir sahen, wie sie in der Ferne verschwanden.
Nach ein wenig Überreden kam Caramel vorsichtig aus dem Loch hervor und kletterte die Uferböschung hinauf. Sie schüttelte sich heftig und wedelte mit dem Schwanz – ein fröhliches und unverwüstliches kleines Tier. Doch es dauerte noch lange, bevor sie wieder an diesem Teil des Kanals entlanggehen wollte.
Ein anderer Lieblingsspaziergang führte eine kleine Straße entlang, die Mas de Verran hieß, nicht weit weg vom Mas des Chats. An einem Ende der Straße lag eine Ansiedlung, eine Ansammlung von sehr alten Häusern, die sich aneinanderlehnten und in ihrer zufälligen Anordnung mittelalterlich wirkten. Jeder, der hier lebte, stand in engem Kontakt mit sei-

Es dauerte lange, bevor Caramel wieder an diesem Teil des Kanals entlanggehen wollte.

nen Nachbarn. Ein Paar hatte einen kleinen rechteckigen Garten, gerade groß genug für zwei Liegestühle. Im Frühling und Herbst saßen sie in diesen Stühlen und versuchten, etwas von der unzuverlässigen Sonne abzubekommen; ihre Knie berührten den Draht ihres Zauns. In einem anderen Haus hielt eine ältere Frau zwei riesige bellende Hunde in einer Drahtumzäunung; manchmal waren sie auch an einen Baum in ihrem Hof angekettet: Wenn wir vorübergingen, bellten sie wild, warfen ihre mächtigen Körper herum und sahen gefährlich aus. Einmal entkamen sie und stellten sich als sanft und gutmütig heraus und begleiteten uns ein Stück.

Gegenüber von dem ziemlich heruntergekommenen Haus der alten Dame lag ein etwas ordentlicheres Haus, in dem ein weißer, munterer, gelangweilter Pudel lebte. Dieser Hund und Caramel genossen immer einen Bellwettstreit, bei dem jeder neben der Gartenmauer, die das Heim des Pudels umgab, auf und nieder sprang oder vor und zurück raste und beide einander ankläfften und beschimpften, bis ich Caramel dazu überredete, weiterzugehen.

Am Ende des Weilers lag ein verfallenes altes Mas, in dem ein sehr alter Mann lebte. Ich sah ihn manchmal, wenn ich zur Mittagszeit diesen Weg ging. Er stieg aus einem Auto, in dem sein Sohn ihn gerade nach Hause gebracht hatte, in dessen nahegelegenem Haus er zu Mittag gegessen hatte, und umklammerte die Hälfte oder vielleicht auch ein Drittel eines langen Brots – sein Abendbrot und sein Frühstück.

Sie holten ihn jeden Tag, brachten ihn mit seinem Stück Brot nach Hause und fuhren davon. Ich fragte mich, ob er wie viele alte Leute lieber allein in seinem eigenen Haus lebte und ob sein Sohn diesen Wunsch respektierte.

Sie kümmerten sich gut um ihn, dachte ich, so gut man konnte. Eines Tages im Winter, als ich ihn traf, trug er eine dicke neue Jacke, handgestrickt – vielleicht von seiner Schwiegertochter –, aus gesprenkelter blauer Wolle. Sein Hemd war sauber und gebügelt. Unterhalb der Gürtellinie war alles etwas durcheinander. Seine schäbige alte Hose war nur halb zugeknöpft, und das auch noch falsch. Die Schnürsenkel seiner alten Bauernstiefel waren nicht richtig zugebunden, so daß er darüber hätte stolpern können.

Als er aus dem Auto stieg und mich sah, blieb er stehen und sprach ein wenig mit mir; er schützte seine steingrauen, vielleicht halbblinden Augen mit der Hand vor der Sonne. Er fragte mich, wo ich wohnte, und ich mußte lauter sprechen, damit er mich hörte. Er erzählte mir, was für ein gutes Mittagessen er bei seiner Familie gehabt habe. Er war sechsundachtzig Jahre alt und interessierte sich für alles. Vor seinem Haus hatte er ein paar Blumen in eine alte Pferdetränke gepflanzt. Neben dem Haus stand eine alte Steinsäule mit einem Metallkreuz darauf. Daneben wuchs ein alter wuchernder Rosenstrauch. Eines Tages bemerkte ich, daß er seine unordentlichen Zweige mit einem Faden an die Säule gebunden hatte. Er führte kein tolles Leben dort, allein in dem alten Haus am Ende des Dorfes – doch so wie es war, genoß er es. Caramel und ich gingen weiter und winkten ihm zum Abschied zu.

Manchmal gingen wir die Straße entlang, die zu der Klinik in Saint-Paul führte, in der Van Gogh Patient gewesen war, nahe den antiken Ausgrabungen, dem römischen Triumphbogen, dem Denkmal und der römischen und vorrömischen Stadt, die immer noch ausgegraben wurde.
Eine kurze Straße führte vom Zaun der Klinik zu den Gebäuden und dem Garten und zu einer Kirche mit einem dazugehörigen Kreuzgang. Iris wuchs in den Beeten neben der Straße, und früher hatte es einen Bronzekopf von Van Gogh auf einer Steinsäule gegeben, der jedoch gestohlen und nie wieder aufgefunden worden war.
Um die Klinik herum und hinauf in die Alpilles hatte die *Mairie* die Spaziergänge angezeigt, die Van Gogh gemacht hatte, und die Stellen, an denen er seine berühmtesten Werke gemalt hatte. Der Geist des Künstlers ging hier noch um, seine Augen sahen noch durch unsere Augen, da jeder, der mit seinen Gemälden vertraut war, die Olivenbäume, die Felsen, die Alpilles und die Iris so sah, wie er sie gesehen hatte.
Der kleine Kreuzgang neben der Kirche war wunderbar. Zwischen den bezaubernden Säulen um den kleinen recht-

In den Kiefernwäldern spazierenzugehen war im Sommer verboten, doch man konnte zum Gipfel eines der umliegenden Hügel wandern.

eckigen Innengarten standen große Wannen mit blühenden Aspidistras und Geranien.

Manchmal folgten wir den Wegen durch die Pinienwälder oben an der Hauptstraße durch die Alpilles. Dort standen auf einem großen Parkplatz während des Sommers ständig Feuerwehrwagen und überwachten unablässig die umgebende Landschaft. Ein Feuerwehrmann, der ständig in Bereitschaft war, suchte nach ersten Rauchfahnen, die einen Waldbrand ankündigen konnten.

Die Besatzungen der Feuerwehrwagen hielten ausgedehnte Mahlzeiten zwischen den Pinien; die Tische waren mit Tischtüchern bedeckt, Wein- und Wasserflaschen standen zwischen sorgfältig hingelegten Messern, Gabeln und Gläsern, die Teil eines dreigängigen Menüs waren. Die Franzosen glaubten sicher, daß Förmlichkeit beim Essen wichtig sei, egal, wie *al fresco* die Umstände waren.

In den Wäldern spazierenzugehen war im Sommer verboten wegen des Risikos, daß Leute einen Brand verursachen könnten, doch man konnte zum Gipfel eines der umliegenden Hügel wandern. Dorthin kamen begeisterte Vogelbeobachter aus allen Ländern Europas mit Ferngläsern und Fernrohren und legten sich auf den Boden, um die Vögel der Alpilles zu beobachten.

Einer meiner Lieblingsspaziergänge führte in die kleine Stadt Noves auf dem Weg nach Avignon. Ein schmaler Weg zog sich von den Mauern der alten Stadt zum Gipfel des Hügels – die Rue du Château, auch wenn es kein Schloß mehr auf dem Gipfel gab.

Dort standen auf einer grasbewachsenen Anhöhe ein paar Kiefern, und man hatte nach allen Seiten einen herrlichen Ausblick. Der Mont Ventoux erhob sich im Nordosten hoch über der Ebene. Im Süden lag die Kette der felsigen Alpilles, eine lange, unregelmäßige, scharfrandige blaue Silhouette am Horizont. Unter den Hügelgipfeln sah man die Dächer der Stadt, alle möglichen Formen und Winkel, bedeckt mit schönen alten rostbraunen, umbrafarbenen und grauen Ziegeln, und hier und da ragte ein Kirchturm über ihnen auf.

An einem schönen Tag wehte der Wind sanft den Hügel hinauf, und die Luft war kristallklar. Caramel legte ihre Vorderpfoten auf die niedrige Mauer, die den Weg vor dem steilen Hügelvorsprung schützte, und während wir beide die frische Luft einatmeten, bewunderten wir die Aussicht.

Nachdem Billy eine Zeitlang im Mas des Chats gewesen war, nahm ich ihn mit Caramel mit, wenn wir spazierengingen. Caramel war eine vollkommene Spaziergängerin. Als sie noch gesund war, trabte sie knapp vor mir her, behielt mich im Auge und gehorchte meinen Anweisungen. Billy war anfangs wild, lief ständig aufgeregt hin und her und nach vorn. Seiner eigenen Sicherheit wegen führte ich ihn zunächst an der Leine. Allmählich beruhigte er sich und begriff, worum es bei einem Spaziergang ging.

Obwohl er die Spaziergänge auf dem Land liebte und mit einem fröhlichen Kopfschlagen vorwärtsstürmte, zog er es vor, in die Stadt zu gehen. Er erforschte ausführlich und leidenschaftlich interessiert jeden Geruch. Caramel und ich – sie war geduldiger als ich, da sie ihn so liebte – mußten oft stehenbleiben und warten, bis er sich sicher war, daß er die Bedeutung eines besonders bemerkenswerten Geruchs begriffen hatte. Dann erlaubte er uns weiterzugehen. Zwischen Tagen mit heftigem Regen und Tagen mit bitterkaltem Mistral gab es ruhige – milde, sonnige – Tage, wenn weiche, süße Luft vom Süden über die Provence zog.

Ich ging mit den Hunden auf dem flachen Stück Land zwischen den blauen Hügeln der Alpilles im Süden und den Montagnettes im Norden.

Im Nordosten erhob sich der Mont Ventoux aus der Ebene; sein hoher Gipfel war weiß von Schnee, der in der Nacht auf seine kalkige Oberfläche gefallen war. Der Berg sah aus wie die richtigen Alpen, ein weißer Gipfel vor einem kornblumenblauen Himmel.

Die zwei großen Kanäle waren voller Wasser, das leuchtend zwischen den grünen Ufern floß. Schimmerndes junges Gras war nach den schweren Regenfällen in die Höhe geschossen. Die Felder wurden gepflügt und geeggt – eine schokoladen-

Caramel war Billy gegenüber geduldiger als ich.

farbene Erde, die in saubere Linien zerfiel und bereit zum Säen war. Zwei große weiße Vögel, die wie Silberreiher aussahen, segelten vom Himmel herab und ließen sich mitten auf einem Feld nieder. Danach trieb ein Reiher herbei und ließ sich weiter flußabwärts nieder. Die Hunde und ich eilten freudig und aufgeregt weiter die kleine Straße entlang.

21

 Messaline war eine große graue Stute aus der Camargue, die wir eines Morgens mit einer langen Kette angebunden an einen Pfahl auf dem Feld neben dem Weinberg fanden.

Baby brachte uns die Neuigkeit. Die Katzen und ich waren im frühen Morgensonnenschein eines Herbsttages hinausgewandert, um um den Swimmingpool herumzugehen. Baby hatte sich etwas weiter vorgewagt und war durch die Zypressen in den Weinberg gegangen. Sie kam erschreckt und atemlos zurückgerannt und gab mir zu verstehen, daß sich auf dem Feld neben dem Weinberg ein Drama abspielte. Ich und Katy – sie war immer in Stimmung für jedes Abenteuer – gingen nachsehen, was los war.

Dort stand Messaline, sah uns ruhig an und hob einen Moment ihren großen Kopf von dem ernsten Geschäft, soviel Gras abzureißen, wie sie finden konnte. Baby muß sie natürlich wie ein Riese vorgekommen sein – und sie war auch ein besonders großes und schweres Exemplar von einem Camargue-Pferd.

Katy und ich näherten uns ihr, doch sogar Katy enthielt sich jeden engeren Kontakts mit einem Wesen, das so riesig war wie Messaline.

Ich konnte mich nicht erinnern, ob Katy vor oder nach der

Ära von Jasmin ins Mas des Chats gekommen war, eines anderen Camargue-Pferdes, das dem nächsten Mitglied der Mabeille-Familie gehörte, meinen Nachbarn im Norden des Mas des Chats.

Jasmin hatte auf einem kleinen Feld hinter meinem Mas gelebt. Die Katzen des Hauses und ich hatten ihn täglich besucht und Brot und Karotten gebracht. Dann, eines Tages, fanden wir seine Wiese leer vor und erfuhren, daß er an ein weiteres Mitglied der Mabeilles, Messalines Besitzer, verkauft worden war. Für die Katzen, die gekommen waren, nachdem man ihn weggebracht hatte, war die Bekanntschaft mit einem Camargue-Pferd eine neue Erfahrung.

Ich sah sofort, daß sie ein liebes und zauberhaftes Tier war. Sie war entzückt, daß ich mit ihr redete. Man merkte, daß sie äußerst gesellig und an Gesellschaft gewöhnt war. Auf einem großen Feld allein und ohne irgendeine Art von Schutz zu sein war für sie unbequem und scheußlich. Mittags tauchte ihr Besitzer auf. Er war gekommen, um zu sehen, ob mit ihr alles in Ordnung war. Er brachte eine kleine zerbeulte Zinnbadewanne, die man mit Wasser füllen mußte, um sie zu tränken. Er hatte erwartet, Wasser in dem kleinen Graben zu finden, der am Rande des Feldes floß. Doch der Graben war ausgetrocknet.

Im Herbst und Winter wurden die Gräben gesäubert, und die Wasserzufuhr wurde unterbunden. Messalines Wasser mußte von einer anderen Quelle hergebracht werden.

Ich kannte Messalines Besitzer. Ihm hatten einst eine Herde Schafe und zwei Hunde gehört, die sie begleiteten. Manchmal ließ er seine Herde auf den Feldern um das Mas des Chats weiden. Doch er fand die Arbeit zu schwer und die finanzielle Belohnung zu gering, deshalb verkaufte er seine Herde. Nun arbeitete er als Gärtner für ein Hotel.

Messaline war in einem offenen Schuppen inmitten einer Ansammlung von alten landwirtschaftlichen Gebäuden untergestellt worden. Sie hatte einen Gefährten, noch ein Camargue-Pferd. Ich sah beide, wenn ich vorbeiging; sie fraßen auf Teufel komm raus, standen knietief im Heu und waren rund wie Tonnen. Damals wußte ich noch nichts über sie und erfuhr ihren Namen von ihrem Besitzer erst an jenem Mittag, als er sie auf dem Feld besuchte. Messaline war ein römischer Name. Ich suchte danach im Lexikon.
»Messalina, um 25–48. Gemahlin des Kaisers Claudius, Mutter von Britannicus und Octavia, die Neros Frau wurde.«
Messalina schien eine schwierige und unglückliche Frau gewesen zu sein. Ich dachte, daß ihr Name unpassend für die Camargue-Stute sei, die gutmütig und ruhig war.
Der Schäfer teilte mir mit, daß sie siebzehn Jahre alt sei. Sie war in seiner Familie, seit sie ein Fohlen gewesen war, und sie liebten sie alle. Die Kinder, die nun erwachsen waren, ritten sie, als sie noch klein waren. Sie war »*douce, douce*«.
Was war mit Messalines Wasserversorgung? Ich bot ihm an, einen Wasserhahn neben dem Swimmingpool zu benutzen. Höfliches Nicken, ein dankbarer Gesichtsausdruck, doch das Angebot wurde nie wahrgenommen. Der Schäfer ging fort. Die Zinnwanne lag leer auf der Seite im rauhen Gras. Messaline ging hin und schnupperte daran, versuchte, etwas zu trinken zu finden.
Ich füllte die Wanne, zerrte dafür Plastikdosen und einen Eimer über die Grasbüschel.
Messaline trank wie ein Staubsauger und leerte die Wanne schnell; sie war gierig nach noch mehr Wasser. Ich gab ihr mehr und füllte die Zinnwanne ständig nach.
Es entwickelte sich eine erstaunliche Situation. In den nächsten Wochen war Messaline, solange sie auf der Wiese ange-

bunden war, von mir abhängig, was ihr Trinkwasser anging – und teilweise auch, was ihr Futter betraf. Das Gras auf der Wiese war grob und spärlich, es wuchs zwischen dichtem, unverdaulichem Unkraut. Schnell fraß sie alles Freßbare in dem Umkreis auf, in dem zu bewegen ihr die Kette erlaubte. Der Pfahl, an dem sie angebunden war, hätte alle ein, zwei Tage versetzt werden müssen.

Zuerst kam der Schäfer regelmäßig, um ihren Standort auf der Wiese zu verändern. Dann, allmählich, tauchte er weniger häufig auf. Messaline wurde immer hungriger. Sie versuchte, ihrer Kette zu entkommen, und wurde ruhelos.

Eines Tages band sie der Schäfer an eine Säule neben dem alten, heruntergekommenen Mas am einen Ende des Feldes – einem Bauernhaus, das seiner Schwester gehörte, der leicht verrückten Giselle Mabeille. Am Morgen, als ich hinausging, sah ich, wie Messaline sich langsam selbst erdrosselte, indem sie immer wieder um die Säule herumging, wobei die Kette, die um ihren Hals gebunden war, immer kürzer wurde.

Ich mußte die Kette fest packen und sie zwingen, in umgekehrter Richtung um die Säule zu gehen, bis sich die Kette völlig abgewickelt hatte. Doch sie könnte dies leicht noch einmal machen und schließlich daran sterben.

Ich war wütend. Es war dumm und gefährlich, sie an der Säule angebunden allein zu lassen. Meine Wut darüber, daß der Schäfer sein Pferd vernachlässigte, und darüber, daß ich mit Eimern voller Wasser über das Feld stolpern mußte, kam nun an die Oberfläche.

Ich rief ihn an. Ich sprach voller Wut mit ihm. Ich beschuldigte ihn, Messaline zu mißhandeln. Ich sagte ihm, er müsse sofort kommen und sie losbinden.

Er kam. Er war beleidigt und weigerte sich, mit mir zu sprechen. Er löste die Kette, die Messaline an die Säule fesselte,

setzte einen Pfahl auf das Feld und band sie dort an. Ich fragte: »Warum haben Sie sie nicht früher besucht? Sie hat sich fast erdrosselt.«
»Ich konnte gestern nicht kommen,« erwiderte er gekränkt. »Ich war weg.«
»Was sollte denn dann mit Messaline passieren?«
»Das habe ich Ihnen doch gesagt, ich konnte nicht kommen. Ich war weg, um Verwandte zu besuchen.«
Es war sinnlos, weiter zu streiten.
Ich sagte: »Und was war in all den Wochen mit ihrem Trinkwasser? Was, dachten Sie, sollte sie saufen?«
Bei dieser Frage trat ein merkwürdiger Ausdruck in das Gesicht des Schäfers – eine Mischung aus Schlauheit und Gerissenheit, aber auch aus Rätselhaftigkeit und Dummheit. Er schwieg, sein Gesichtsausdruck besagte: »Sie und ich wissen sehr wohl, daß Sie Messaline nie hätten verdursten lassen.«
Ich beschloß, daß ich lieber weiter auf freundlichem Fuß mit dem Nachbarn bleiben wollte, als eine Fehde anzufangen.
Milder gestimmt sagte ich: »Warum haben Sie Messaline hergebracht? Warum haben Sie sie nicht in der Scheune auf dem Hof gelassen?«
Er schmollte immer noch und brabbelte vor sich hin, daß keiner ihn beschuldigen könne, seine Tiere zu mißhandeln. Er kümmere sich um all seine Tiere. Jeder wisse das. Sah Messaline etwa mißhandelt aus? (Wenn ich die gutmütige Messaline anblickte, mußte ich zugeben, daß ihr Äußeres wunderbar aussah.)
Doch dann erklärte der Schäfer, daß die Scheune, in der Messaline bisher untergebracht gewesen war, ihm nicht mehr zur Verfügung stand – zweifellos irgendein Streit in der Familie Mabeille – und daß er keine andere Möglichkeit hatte, um das Pferd unterzustellen.

Und mit demselben schlauen, gerissenen und dümmlichen Gesichtsausdruck fügte er hinzu, daß er denke, er müsse sie verkaufen. Heu war so teuer, er konnte es sich nicht leisten, sie zu behalten. Vielleicht würde er in ihrem Alter keinen Käufer mehr finden. Sie würde vielleicht beim Pferdemetzger enden ...
Ich sagte: »Meinen Sie wirklich, daß Sie sie verkaufen wollen? Ich habe nämlich Freunde, die interessiert daran sein könnten, sie zu kaufen.«
Ja, er meinte es so.
Das Ergebnis dieser Begegnung war, daß nicht lange danach dem Schäfer ein Feld neben seinem Haus zur Verfügung stand. Er umzäunte es, und Messaline wurde dorthin gebracht – nahe genug bei der Familie, um regelmäßig gefüttert und getränkt zu werden, wie ich hoffte.
Dann erfuhr ich, daß eine Freundin von mir ein Pferd für ihr Kind suchte, ein ruhiges, ausgeglichenes, älteres Pferd – genau wie Messaline –, und ich brachte sie mit dem Schäfer in Kontakt.
Ja, er wolle Messaline verkaufen. Später wollte er Messaline dann doch nicht verkaufen. Es hing davon ab, ob ein anderes seiner Pferde verkauft wurde oder nicht, und dies wiederum hing davon ab, daß eine Großmutter dagegen war, daß ihr Enkel ein Pferd geschenkt bekam, und schließlich: Nein, er wollte Messaline nicht verkaufen. Seine Kinder liebten sie zu sehr. Sie wollten nicht, daß er sie verkaufte ... ein Familienpferd, Sie verstehen. Sie ist all die Jahre in der Familie gewesen ...
So blieb Messaline bei dem Schäfer und lebte auf dem Feld neben dem Haus.
»Und was ist aus Jasmin geworden?« fragte ich, da Jasmin an den Schäfer verkauft worden war.

»Ach, Jasmin ...«, und wieder dieser seltsame Gesichtsausdruck. Jasmin war verkauft worden und, so dachte er, arbeitete nun mit den *taureaux* ...

Ich fragte nicht weiter und hoffte, daß das zauberhafte Pferd an den provenzalischen Stierkämpfen teilnahm und nicht an den spanischen *corridas*. In der provenzalischen Version wird der Stier nicht getötet, und die Pferde werden normalerweise nicht verletzt. Es geht darum, eine weiße Kokarde von den Hörnern eines Stiers zu erhaschen. Vielleicht hatte Jasmin einen guten Besitzer, der ihn liebte. Er verdiente das.

Die Katzen und ich vermißten Messaline auf dem Feld neben dem Weinberg. Wir hatten uns an unsere täglichen Besuche bei ihr gewöhnt, bei denen wir über die dichten Grasbüschel wanderten und uns durch hohes, trockenes Unkraut einen Weg bahnten. Die Katzen versammelten sich um mich und sahen zu, wie ich Messaline ihr Wasser und ihre Karotten gab. Sie lernten, sich nicht vor ihr zu erschrecken.

Ihre kräftigen Umrisse verliehen unserer Landschaft neue Schönheit. An kalten, nebligen Morgen stieg Dampf aus ihren Nüstern und ihrem Maul auf und vermischte sich mit dem sanften Nebel, der über die Felder zu den schattenhaften Hügeln trieb. An windigen Tagen, wenn der Himmel alpenblau war und die Umrisse der Berge messerscharf zu sehen waren, schüttelte Messaline ihre Mähne und stampfte mit ihren großen Hufen. Sie sah wie eine edle Statue aus. Wir vermißten sie, als sie fortging.

22

Manchmal fuhr ich über die Alpilles, um Freunde zu besuchen, die in den oder in der Nähe der Dörfer südlich vom Mas des Chats wohnten. Oft kam ich dann spät nach Hause. Die kurvige Straße über die Alpilles war immer völlig verlassen, wenn ich nach Hause fuhr, tiefschwarz unter den Sternen oder weiß im dreidimensionalen Mondschein. Ich fuhr durch eine Traumlandschaft, die still und unheimlich dalag und so abgelegen und einsam aussah, daß ich niemals ohne Furcht war. Riesige Teile steiler Felsen stiegen zwischen den Bäumen empor und leuchteten blaß, wenn der Mond schien. Schroffe Felsen fielen neben der Straße ab, und um mich herum standen die dichten Pinienwälder, Kilometer für Kilometer, dunkel und geheimnisvoll und erfüllt von dem geschäftigen Nachtleben der wilden Tiere der Alpilles. Ab und zu gab eine Kurve der nach Süden zeigenden Straße den Blick auf die lichtüberfluteten Befestigungsmauern von Les Baux frei, die wie Felsen aussahen, die am Himmel schwebten. Oben auf den Hügeln konnte ich das weite, flache Panorama der Ebene sehen, die sich bis zum Meer erstreckte.
Hier und da waren kleine Lichtflecke zu erkennen, das Aufblitzen von Straßenlaternen zwischen menschlichen Behausungen. Dann, wenn ich zum Mas des Chats hinunterfuhr,

Vor dem Himmel bildeten die Zypressen schwarze Mauern und Spitzen wie die Kirchen alter Städte.

schlängelte sich die Straße nach Norden in die Dunkelheit hinein, und nur schwarze Pinien standen um mich herum. Manchmal blieb ein Fuchs im Strahl der Scheinwerfer stehen, der keine Angst zu haben schien, oder ein anderes kleines Tier huschte über die Straße. Ganz selten hockte ein Hase, geblendet durch die Lichter des Autos, im Unterholz und war vor Angst wie gelähmt.
Wenn ich zu Hause ankam und die Autotür öffnete, begrüßte mich oft Nero. Er kletterte sofort ins Auto und setzte sich nachdrücklich auf meinen Schoß, und so blieben wir eine Zeitlang sitzen. Nichts als Nacht und Stille, die nur von Neros heftigem Schnurren durchbrochen wurde. Wenn ich aus dem Auto stieg, streifte ich die Reihe von Rosmarinbüschen. Der

Geruch nach Rosmarin stieg in der Nachtluft auf, und Nero lief voraus, um das Haus durch das Katzenfenster zu betreten. Alle Katzen des Hauses versammelten sich allmählich, tauchten eine nach der anderen von ihren verschiedenen Ruheplätzen auf, um sich zu uns zu gesellen. Sie hatten das Gefühl, es sei vernünftig, einen kleinen Imbiß zu sich zu nehmen, um ein ernsthaftes Absinken des Blutzuckerspiegels vor der Morgendämmerung zu verhindern.
Und Nero bekam sein Abendbrot, das er am Abend verpaßt hatte, weil er zu sehr damit beschäftigt gewesen war, zu den Sternen aufzublicken, ein Mäuseloch zu beobachten oder zwischen den Weinreben zu dösen.
Im Winter warteten die Katzen in der Abenddämmerung oft nervös darauf, ein letztes Mal schnell vor die Tür gehen zu können. Dies war die Zeit, wenn hungrige Hunde auf der Suche nach Nahrung in der Umgebung herumzustreunen begannen. Um ihnen zu helfen und um die Sicherheit der Katzen zu gewährleisten, führte ich sie – eine nach der anderen – in den Garten und leuchtete dabei mit meiner Taschenlampe in die stärker werdende Dunkelheit.
An einem grünen, perligen Himmel kamen die Sterne heraus, und im Westen brannte noch die orangefarbene Asche eines faszinierenden Sonnenuntergangs.
Ein stiller Abend, eine Brise in den Bäumen, ein Wetter ohne Stürme, die letzten Blätter fielen lediglich mit einem schwachen, leisen Rascheln wie Regen auf das Laub. In der Ferne bildeten die Zypressen schwarze Mauern und Spitzen wie von Kirchen in alten Städten, sie wirkten massiv und schwarz vor dem durchsichtigen Himmel. Die Katzen rannten zwischen den Büschen umher wie kleine Geister, kurz konnte man einen Blick auf weiße und schwarz-weiße Blitze erhaschen. Sugar, deren dunkles Fell eine gute Tarnung war, tauchte ohne

Vorwarnung auf und erschreckte mich; sie sprang auf einen Gartenstuhl.
Nach einer Weile führte ich die Katzen sicher zurück ins Haus. Eine nach der anderen marschierten sie gehorsam herein.

Als er älter wurde, wurde Nero mein engster Gefährte. Er war ernst, ruhig und sanft und wie ein Schatten, der mit mir die kleine Straße entlang oder zwischen den Weinreben dahinlief. Er tauchte plötzlich und unerwartet aus dem Nichts auf, wie es schien, um neben mir zu sein. Sein schwarzes Fell war zu einem rötlichen Braun auf seiner breiten Brust verblaßt. Sein Bauch war weiß gesprenkelt. Sein Fell glänzte. Geheimnisvolle Katze, liebevolle Katze, er blieb wie mein Schatten neben mir.
Manchmal, wenn ich die Küche aufräumte, hörte ich ein Geräusch wie ein Flügelrauschen oder ein plötzlicher Windstoß. Nero war durchs Katzenfenster geflogen. Er saß gesammelt und kühl auf dem Raumteiler und wartete geduldig darauf, daß ich ihm etwas zu fressen anbot.
Was Dosenfutter anging, hatte er bestimmte Vorlieben, und rohe Leber war sein Lieblingsfutter. Er war so freundlich und ruhig, daß man sich unmöglich an ihn als den wilden Räuber erinnern konnte, der Lily vor Schreck Bäume hinaufklettern und Bruno sich unter Tischen hatte verstecken lassen, die beide vor Angst und Wut aufgeregt schimpften.
Das war lange her. Obwohl Lily immer noch ein wenig nervös war, war sie dazu bereit, denselben Raum mit ihm zu teilen oder auf dem Balkon zu schlafen, auf dem nur ein paar Meter Abstand zwischen beiden war. Er benahm sich Lily gegenüber

Als er älter wurde, wurde Nero mein engster Gefährte.

gleichgültig, was sie erkannte und vielleicht leise bedauerte. Sugar war die Katze, die er mochte. Einmal sah es so aus, als ob sich zwischen beiden eine Liebesgeschichte entwickeln sollte, doch Nero wurde krank.

Er bekam eine chronische Blasenentzündung, die immer wiederkehrte, egal, wie oft man ihn auch behandelte. Er war bereits anfällig für schwere Hustenanfälle, die ursprünglich vielleicht einmal Asthma gewesen waren. Er hatte sie, solange ich ihn kannte. Er begann plötzlich zu husten, als ob er sehr laut schnurrte, und der Husten stieg zu einem Crescendo an und klang, als ob er erstickte, und dann hörte der Anfall wieder auf. *Docteur* Lamartin hatte ihn untersucht, als er wegen einer Zahnbehandlung unter Narkose stand, doch er konnte die Ursache der Anfälle nicht finden.

Das war ein weiteres Problem – Neros schlechte Zähne und sein infiziertes Zahnfleisch. Von Zeit zu Zeit brachte ich ihn in die Klinik, wo die schlimmsten Zähne gezogen wurden, und er bekam Antibiotika gegen die Infektion seines Zahnfleischs. Schließlich bekam er Antibiotika wegen seiner Blaseninfektion; und diese Behandlung mußte endlos verlängert werden.

Nero zeigte mir, wenn seine Blasenfunktion außer Kontrolle geriet. Er kam dann ins Haus und rannte zu dem Katzenklo in Lilys Zimmer, wo er es wieder und wieder versuchte – und wieder, vergeblich, versuchte, Wasser zu lassen, aber seine Blase war leer. Doch die Infektion reizte ihn und trieb ihn wie verrückt zum Katzenklo.

Ich lernte, wie ich ihm helfen konnte, denn die Infektion konnte ziemlich schnell behandelt werden. Innerhalb weniger Stunden konnte ihm eine Spritze helfen. Aber schließlich mußte man ihm regelmäßig Medikamente geben, alle paar Tage oder einmal in der Woche.

Nero, der jede medizinische Behandlung haßte und fürchtete – wie die meisten Katzen –, war ein schwieriger Patient. Doch mit Geschick und Tücke konnte ich ihm eine Spritze oder eine flüssige Medizin geben, die ich mit dem Futter vermischte, das er mochte.

Er war ein schwarzer Schatten und ein liebes Tier, und ich wußte, daß er ein hartes Leben geführt hatte, bevor er das Mas des Chats entdeckte. Ich war traurig, daß er auf seine alten Tage so sehr leiden mußte.

23

 Eine Katze kam in der Nacht über die Felder, die dicht bestanden mit hohem Unkraut und langen Gräsern waren – ein Dschungel für jede Katze und nachts gefährlich wegen der streunenden hungrigen Hunde.

Sonntag morgen in der Dämmerung hörten Karen und Joseph, die im kleinen Haus wohnten, sie draußen schreien. Sie wurden einen Augenblick wach und schliefen dann wieder ein. Später kam sie durchs Katzenfenster ins Mas des Chats, sie schrie laut und war sehr aggressiv und drohend. Die anderen Katzen hatten Angst vor ihr und versteckten sich unter Tischen und Stühlen, als sie sich auf sie stürzte.

Man konnte leicht erkennen, daß sie gerade geworfen hatte. Es sah so aus, als ob ihre Schreie die Aufmerksamkeit ihrer Kätzchen auf sich ziehen sollten, damit diese ihr dann antworteten und sie sie finden könnte.

Sie schrie laut; es waren laute, schmerzliche Schreie, fast ohne Pause, und während sie schrie, suchte sie. Sie lief im ganzen Haus herum, sah in Schränke und Regale. Jede Ecke durchsuchte sie.

Sie mußte die Kleinen sofort oder bald nach der Geburt verloren haben, vielleicht hatte ein Fuchs oder ein hungriger Hund sie gefressen. Vielleicht auch hatte ein Mensch sie mitgenommen und umgebracht, während sie sie kurzzeitig allein gelassen hatte.

Am Nachmittag machte ich meine übliche Runde in der Nachbarschaft und fragte jeden, ob er etwas über sie wisse. Wie immer war die Antwort nein. Vielleicht war sie kilometerweit über die Felder gekommen, getrieben von der Suche nach Futter für ihre Jungen. Ihr Fell war voller Grassamen und Kletten, und sie war hungrig, wenn auch nicht sehr dünn. Karen und Joseph nahmen sie in dem kleinen Haus auf, um sie fern von den anderen Katzen zu füttern. Als Karen sie hochhob, war die Katze nur ein leichter, formloser Haufen, ihre Muskeln wie Gummi und ihre Glieder ohne Spannung. Wir dachten, sie sei sehr müde und fiebere vielleicht als Folge der Geburt, doch sie fraß gierig.

Ihre Farbe war besonders schön. Das Fell war weich, aschgrau und schwarz mit ein paar blaßrosafarbenen Tupfen; und ihr Gesicht war schwarz wie Ruß. Ihre Augen waren rund und golden, es waren traurige Augen.

Karen und Joseph waren sofort von ihr verzaubert. Sie wurde schnell zutraulich – das Haustier von jemandem, eine zahme Katze, die nun hoffnungslos verloren war.

Ihr Geschrei hörte nicht auf, und sie blieb ruhelos; ich dachte, daß es ihr nicht gutgehe.

Am nächsten Tag brachten wir sie zum Tierarzt. *Docteur* Arbois war sich nicht sicher, was los war. Sie hatte ganz sicher Junge zur Welt gebracht, und sie hatte Fieber. Auch ihre Drüsen waren geschwollen, und ihre Muskeln waren spannungslos und schlaff. Er schlug vor, wir sollten ein paar Tage warten und sie so behandeln, daß sie sich von den Folgen der Trächtigkeit erholte. Wir sollten jeden Tag Fieber messen, und sie sollte von den anderen Katzen ferngehalten werden. Er würde sie sich am Ende der Woche wieder ansehen. Wenn

es ihr dann nicht besserginge, würde er Blut abnehmen und sie auf Katzenleukämie testen.
Ziemlich schnell gewöhnte sie sich ein. Die Tabletten halfen ihr, sich vom Verlust ihrer Jungen zu erholen, und sie schrie nicht mehr.
Karen und Joseph kümmerten sich gern um sie. Ihr mitleiderregender Anblick ließ die beiden sie verwöhnen, und alle drei waren glücklich. Sie bekam leckeres Futter, und sie bekam Dinge, mit denen sie spielen konnte. Sie bürsteten ihr Fell und gaben ihr einen Namen – Marie. Sie entspannte sich und blühte auf. Doch sie weigerte sich, das Haus zu verlassen. Oft lag sie schlapp und müde auf dem Bett und schien unfähig, auf Stühle oder das Sofa zu springen. Obwohl sie nur leichtes Fieber hatte, ließ es nicht nach. Doch sie fraß gut und reagierte zauberhaft auf die liebevolle Pflege von Karen und Joseph.
Am Ende der Woche kam *docteur* Calan, ein weiteres Mitglied der Tierklinik, zu Nero, der sehr krank war, und zu Billy, dem Hund. Er sah sich Marie an und entnahm Blut, um sie auf Leukose, Katzenleukämie, zu testen.
»Warum«, fragte ich ihn, »gibt es so viele Katzen – zahme und domestizierte, die einst offensichtlich ein Heim hatten und die sanft und zutraulich sind –, die sich verirrt haben oder allein gelassen wurden und nun hier herumstreunen?«
Er antwortete: »Hier auf dem Land, und auch in der Stadt, gibt es viele Leute, die Häuser und Wohnungen mieten. Sie leben ein oder zwei Jahre in dem Haus, und während der Zeit haben sie eine Katze – sie finden eine, oder die Katze eines Freundes bekommt Junge, und sie nehmen eines auf ... Dann ziehen sie weg und verlassen Haus und Katze. Vielleicht glauben sie, daß sich die nächsten Mieter um die Katze kümmern werden – aber manchmal dauert es ein oder zwei Monate,

bevor das Haus wieder bewohnt ist, und vielleicht wollen die nächsten Mieter gar keine Katze. Die Katzen laufen davon – versuchen, Futter zu finden – werden krank ...«
Traurig hob er die Schultern und sagte, daß wir das Ergebnis der Blutprobe am nächsten Morgen bekommen würden.
Wir waren nervös und erregt, da wir ein positives Ergebnis befürchteten. Wenn man herausfände, daß sie an dieser schrecklichen Krankheit litt, die unheilbar und ansteckend war, müßten wir sie einschläfern lassen. Karen, die das Bedürfnis hatte, alle kleinen und hilflosen Wesen zu beschützen, hatte schon viel Liebe in diese kleine Katze investiert – mehr als Liebe, eine tiefe Identifikation mit ihrem Leid. Auch Joseph war von Zärtlichkeit für sie erfüllt.
Ich sorgte mich um alle drei.
Am Morgen erwies sich der Test als positiv.
Docteur Calan redete sanft und vernünftig mit mir. Zwar könnte man eventuell Marie mit hohen Dosen Antibiotika und Steroiden noch länger am Leben halten – doch sie hatte schon Fieber und geschwollene Drüsen. Unausweichlich würden ziemlich bald andere, grausamere und schmerzhaftere Symptome auftreten. Er würde uns raten, ihr Leben jetzt zu beenden.
Ich stimmte zu, sprach jedoch zunächst mit Karen und Joseph über die Möglichkeiten. Wir kamen zu dem Schluß, daß *docteur* Calan recht habe.
Am Nachmittag gingen die beiden fort, um Freunde zu besuchen. Ich blieb zu Hause, weil ich es so für das beste hielt – um den gefürchteten Besuch des Tierarztes zu erwarten. Ich führte ihn zu dem kleinen Haus.
Eifrig und vertrauensvoll lief Marie auf mich zu – ich sollte mich an sie erinnern als an eine Katze, die vertrauensvoll, eifrig und glücklich war, mich zu sehen –, dann plötzlich wirkte

Maries erbärmliches Aussehen ließ alle sie verwöhnen. Sie fraß gut und reagierte dankbar auf die Pflege.

sie verblüfft, als ich sie hochhob und die Nadel mit dem Beruhigungsmittel in ihre Haut drang. Dann kam die tödliche Flüssigkeit, uns sehr schnell und ohne Schmerz oder daß sie es begriff, war sie tot.
Mir blieb nur ihr kleiner Körper. Ihr Fell schien nun struppig, ein Haufen aus dünnem, ungleichmäßigem Pelz, der unendlich erbarmungswürdig aussah.
Ich begrub sie in einem Grab, das Joseph am Rande des Weinbergs vorbereitet hatte.
Der Himmel war voller Schwalben, die in den Süden, in den warmen Süden flogen und dabei kreisten, strudelten und dahintrieben, sich jedoch immer Richtung Süden bewegten. Ich stand am Rande des Weinbergs an Maries Grab und fühlte mich allein, einsam, verlassen, scheußlich.
Arme kleine Katze, Symbol all derer, die kein Glück haben und denen nicht geholfen werden kann ... Traurig ging ich zurück in das kleine Haus. Ich putzte und reinigte alles, um keine Spur von Marie zu hinterlassen. Ich nahm das Katzenklo, die Spielsachen, den halb leergefressenen Teller mit Futter. Ich versuchte, alle Erinnerungen an die hübsche kleine Katze auszuräumen, die Karen und Joseph weh tun könnten. Ich wußte nicht, daß noch eine halbvolle Dose Whiskas im Kühlschrank stand, die sie mir am nächsten Tag feierlich überreichten. Ich verließ das Haus so, als hätte es Marie nie gegeben.
Am nächsten Tag bat ich Monsieur Mercier, einen großen Stein auf Maries Grab zu legen, damit die streunenden Hunde nicht die Leiche ausgraben könnten. Später sah ich, daß Karen ein kleines Plastikglas mit rosafarbenen Blumen auf den Stein gestellt hatte.
Der Wind wehte es um und ließ die Blumen davonflattern.

24

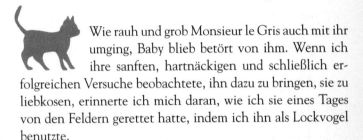

Wie rauh und grob Monsieur le Gris auch mit ihr umging, Baby blieb betört von ihm. Wenn ich ihre sanften, hartnäckigen und schließlich erfolgreichen Versuche beobachtete, ihn dazu zu bringen, sie zu liebkosen, erinnerte ich mich daran, wie ich sie eines Tages von den Feldern gerettet hatte, indem ich ihn als Lockvogel benutzte.

Sie war ein paar Tage krank gewesen, hatte nicht gefressen und sah schläfrig und struppig aus. Sie war damals wild und nicht krank genug, um im Haus zu bleiben, wie es bei ihrem Anfall von Katzengrippe passiert war.

Statt dessen ging sie in den Garten oder auf die Felder, um sich zu verstecken. Ich suchte nach ihr und fand sie zusammengekauert unter einem großen Dornenstrauch, wo ich sie nicht erreichen konnte. Später suchte ich noch einmal nach ihr in der Hoffnung, sie ins Haus zu locken. Sie hatte den Dornenstrauch verlassen und war nirgends zu sehen.

Ich ging durch den Weinberg und die benachbarten Felder und rief sie. Sie antwortete nicht. Deshalb beschloß ich, sie mit Hilfe von Monsieur le Gris nach Hause zu locken. Zu seinem Erstaunen und seiner Empörung hob ich ihn von seinem gemütlichen Platz im Eßzimmer auf und trug ihn auf die Straße neben dem Weinberg. Er war zu überrascht, um sich zu wehren, und als er sich wieder soweit gesammelt hatte, um heftig zu protestieren, waren wir schon ein Stück weit die Straße hinaufgegangen.

Ich setzte ihn ab. Während er den Schaden reparierte, den ich in seinem makellos gepflegten Fell angerichtet hatte, rief ich nach Baby.

Wunderbarerweise tauchte sie auf. Sie kam aus einem dichten Gestrüpp am Rande des Feldes der Corbets und sah schläfrig und müde aus, jedoch glücklich, ihren lieben le Gris zu entdecken.

Dann mußte ich ihn dazu überreden, nach Hause zu kommen, denn er war dafür, ein bißchen im Feld spazierenzugehen. Baby ging neben ihm, und als Monsieur le Gris das Gefühl hatte, es sei nun Zeit zum Abendessen, kam Baby ebenfalls mit. Beide gingen zusammen in die Küche, und danach blieb sie glücklicherweise drinnen.

Und am nächsten Morgen ging es ihr viel besser.

25

 In einem Winter starb plötzlich mein Nachbar Monsieur Corbet. Wie er starb, war traurig – tragisch –, hatte jedoch auch eine komische Seite.
Er selber hätte gelacht. Wenn er guter Laune war, lachte er leicht und oft über sich selbst.
Selbst wenn er deprimiert war, wie er es in seinen letzten Lebensmonaten gewesen war, konnte er ein wenig lachen, zumindest wenn er mit mir sprach.
Als er starb, lag er auf der Chaiselongue in einer Ecke der Küche. Sie war dorthin gestellt worden, damit er sich ausruhen konnte, ohne in das Schlafzimmer im oberen Stockwerk gehen zu müssen.
Er hatte hervorragend zu Mittag gegessen. Madame Corbet hatte seine Lieblingszucchini mit Tomaten zubereitet, gefolgt von einem kleinen, gegrillten Steak mit Bratkartoffeln und danach einen Camembert. Nach dem Essen legte er sich auf die Chaiselongue, um zu dösen. Er aß ein Stück Nougat und hielt lächelnd seiner Frau die Schachtel hin, um ihr eines anzubieten, seufzte tief auf und starb.
Für ihn war diese Art zu sterben eine Gnade, wie Madame Corbet trotz des schrecklichen Verlusts zugab, denn er hatte Krankheit und das Getue um den Tod gefürchtet.
Sein ganzes Leben hatte er Land bearbeitet, er war das Kind

von Generationen von *paysans*, Bauern. Als 1939 der Krieg ausbrach, wurde er zur französischen Infanterie eingezogen und nach einem oder zwei Monaten Kriegsdienst von den Deutschen gefangengenommen. Er wurde zur Arbeit auf einen Bauernhof in der Nähe der polnischen Grenze geschickt. Fünf Jahre lang war er Kriegsgefangener – fünf der wichtigsten Jahre im Leben eines jungen Mannes. Er sprach nur selten darüber.

»*En Écosse*, Whisky ...« sagte er und lächelte breit. Sein Regiment war nach Schottland geschickt worden, bevor es wieder nach Frankreich verschifft wurde. Dann ein paar deutsche Worte, vor allem solche, die das Essen betrafen: »*Kartoffel, Brot, Wurst, Guten Tag ...*«

Die Leute auf dem Bauernhof, auf dem er arbeitete, sprachen nie direkt mit ihm, da ihnen jede Fraternisierung verboten war, doch sie ließen ihn mit ihnen zu Mittag essen. Er saß am Tisch – oder daneben –, aß und hörte zu. Abends ging er zurück ins Kriegsgefangenenlager. Da er schüchtern war, hatte er keine Freunde unter den anderen Gefangenen. So vergingen fünf lange Jahre.

Als der Krieg vorbei war, wurde er zurück in die Provence gebracht. Er begann, sein Land zu beackern, das er von seinem Vater geerbt hatte. Nach einer Weile heiratete er, und jedes Jahr am Waffenstillstandstag marschierte er stolz mit den anderen *anciens combattants de guerre* in der Stadt umher und trug die *tricolore*. Eine kleine Kapelle spielte, und der Bürgermeister hielt eine Rede. Monsieur Corbet hatte seine Mütze tief ins Gesicht gezogen und trug auf der Brust seine Orden.

Ich fragte Madame Corbet einmal, wie das Leben in Frankreich unter der deutschen Besatzung gewesen war, und Madame Corbets Gesicht wurde undurchdringlich wie eine Maske. Erst nachdem ich sie eine Zeitlang kannte, begriff ich,

daß, wenn ihr Gesicht erstarrte und ihre Augen so aussahen, als wären sie blind, sie nicht versuchte, ihre Gefühle vor den Augen der anderen zu verbergen, sondern sie vor sich selber verhüllte und so den Schmerz abwehrte. Sie war unverbindlich, was die Deutschen in der Provence anging, und ich erfuhr nichts von ihr.
Ich wußte auch nichts davon, wie sie ihren Mann kennengelernt hatte – ob sie sich verliebten oder ob es eine arrangierte Ehe war. Er war wegen all der Jahre in Kriegsgefangenschaft gehemmt, und sie war stark, unauffällig, ehrlich, direkt und wunderbar treu und pflichtbewußt. Die Ehe schien gutgegangen zu sein, doch es war ein großer Kummer, daß sie nie Kinder bekommen hatten. Köstliches Essen war ihr gemeinsames Interesse.
Sie kochte, und er wußte gern, was in der Küche vorging, und half gern, probierte und gab Ratschläge.
»Elle est très bonne, la soupe au Pistou«, schrie er mich an – er schrie wegen seiner extremen Taubheit ... oder aber er nickte und schloß halb die Augen und sagte: »*Goutez ... goutez ...*« während er mir einen Teller Ratatouille gab – oder Oliven, die sie selber angebaut hatte, oder Pilze, die er im Wald gesammelt hatte.
Madame Corbet brachte manchmal ein Gefäß mit noch heißer Suppe vorbei oder Auberginen, die leicht angebraten waren, oder auch selbstgemachten Orangenlikör.
Weihnachten sammelte er wilden Holunder, der zu großen Sträußen gebunden und dann Verwandten und Freunden überreicht wurde. Ich freute mich immer sehr über meinen. Entsprechend der Jahreszeit ernteten sie wilden Spargel und die Pilze, die unter den Zypressenhecken nach dem Regen hochschossen, immer an derselben Stelle.
Er war mit Haut und Haaren ein Mann vom Lande, tief mit

der Erde, ihrer Beackerung und dem Anbau von Obst und Gemüse verbunden.

Außerdem verfügte er über ein großes Allgemeinwissen, das er sich durch Lesen und Fernsehen erworben hatte. Er wußte alles, was auf der Welt außerhalb der Provence vor sich ging. »Ihre *Dame de Fer* (wie die Franzosen Mrs. Thatcher immer nannten) hat gestern abend eine gute Rede gehalten«, oder: »Schade, daß der Plan mit den gestampften Nüssen für Afrika fehlgeschlagen ist ...«

Er interessierte sich für die Sterne und für die Wälder des Amazonas – und für die britische Königsfamilie, wie alle anderen in Frankreich auch.

Einmal hatte er einen Blick auf die Queen und den Herzog von Edinburgh geworfen. Er gehörte zu der Menge, die die Straße säumte, als die königliche Familie zum Essen in ein berühmtes Restaurant in Les Baux fuhr. Über dieses Ereignis redete er gern, und ich hörte die Geschichte immer wieder. »Prince Charle saß hinten im Auto«, sagte er zu mir und ließ dabei das »s« von Charles' Namen weg.

Das Hauptthema, die Basis seines Lebens war der Anbau von grünen Bohnen, sein Schatz, sein Gold. Er hatte einen Hund namens Dick, den er sehr liebte, und die Familienkatze Frisquette. Die Katze gehörte eigentlich Madame Corbet, doch ich glaube, er kümmerte sich hauptsächlich darum. Er ließ Dick Zirkustricks vollführen und gab ihm zur Belohnung Salznüsse und Cocktailkekse. Dick gehorchte ihm ungeschickt. Frisquette hielt er am Kragen und schüttelte sie – aber nicht sehr stark –, und sie wand sich.

Der Anblick dieser beiden Verhaltensweisen verstörte mich. Mir wurde eine rohe, unbekannte Grausamkeit in Monsieur Corbet bewußt, genauso wie in seiner Frau. Doch sie besaßen auch die große Fähigkeit, zu lieben.

Ungefähr acht Monate, bevor Monsieur Corbet starb, zwang ihn seine Frau, in Rente zu gehen. Kein Gemüse, keine Bohnen mehr – außer einer kleinen Fläche neben dem Haus.

Ungefähr acht Monate, bevor er starb, gaben die Corbets ihre Arbeit auf den Feldern auf. Seine Frau brachte Monsieur Corbet dazu, sich zurückzuziehen: kein Gemüse, keine Bohnen mehr – außer auf einem schmalen Flecken neben dem Haus. Sie war müde – verständlicherweise. Ihr Rücken brauchte Ruhe. Er würde es allein nicht schaffen können, und bezahlte Hilfe kam nicht in Frage. Ihr Rücken tat weh, ihre Arme taten weh. Sie hatte ihr halbes Leben lang gepflanzt, gesät, bewässert, gejätet, gesprüht und grüne Bohnen und anderes Gemüse geerntet. Sie wurde alt – und er war weit in den Siebzigern.

Doch Monsieur Corbet war nicht geschaffen fürs Altenteil.

Sobald er keine Arbeit mehr hatte, verfiel er in eine Depression. Er ging mit dem Hund Dick auf den Nachbarfeldern spazieren. Dick zog ihn zuerst am Ende der kurzen, schweren Kette mit. Meine Schwester Nora, die im Sommer zu Besuch war, gab den beiden eine ausziehbare Leine. Dies war eine Verbesserung für Dick, aber Monsieur Corbet sah bucklig und müde aus, die Mütze, die er immer trug, hatte er tief in die Stirn gezogen, seine Augen waren traurig und sein Gesicht vor Langeweile verzerrt.

Dann plötzlich wurde Dick krank, und innerhalb weniger Tage starb er an Krebs, wie der Tierarzt sagte – ein schrecklicher Verlust. Danach wollte oder konnte Monsieur Corbet nicht mehr essen und schlafen. Der Arzt verschrieb Antidepressiva, Sedativa und Schlaftabletten.

Madame Corbet litt fast genausosehr wie er. Falten der Anstrengung zeigten sich in ihrem Gesicht, das durch Jahre in der sengenden Sonne und im peitschenden Wind bereits abgehärmt war. Sie kochte die verführerischsten und köstlichsten Gerichte, die Monsieur Corbet aber nicht anrührte. Er schwieg oder war reizbar und wütend, und er hatte Angst vor Krankheit und vor dem Tod.

Vor einigen Jahren hatte er an einer Thrombose gelitten. Doch er hatte diese gut überstanden und lebte das normale Leben eines Bauern, der schwere körperliche Arbeit verrichtete. Er ging regelmäßig zum Arzt und erzählte mir ab und zu, wie hoch sein Blutdruck oder sein Cholesterinspiegel waren. An dem Tag, an dem er starb, war er am Morgen beim Arzt gewesen, wo man ihm sagte, er sei in blendender Verfassung. Diese Nachricht hatte ihn sehr froh gemacht, und er war mit gutem Appetit nach Hause zurückgekehrt. Sein letzter Tag war also ein glücklicher gewesen. Er aß und genoß sein Mittagessen, nahm ein Stück Nougat zu sich und starb.

Ich hörte die Neuigkeit am Nachmittag, denn Madame Corbets Schwester rief mich an. Ich ging zu ihrem Mas und fand dort eine feierliche Ansammlung von Frauen um Madame Corbet herum, deren Gesicht wie immer unbewegt war.
Ein Trauergottesdienst folgte der Totenwache. In angemessenem Abstand wurde Monsieur Corbets Leiche in der Familiengruft beigesetzt.
Madame Corbet hielt ein Jahr lang strenge Trauer und trug nur Schwarz. Sie ging fast jeden Tag zum Grab ihres Mannes, brachte frische Blumen und räumte die toten Pflanzen weg. Im nächsten Jahr trug sie Schwarz mit Weiß oder Mauve, und sie ging immer noch sehr oft zum Grab und stellte sicher, daß die Blumen frisch waren.
Zur Erinnerung an ihren Mann richtete sie es so ein, daß die Felder um ihr Mas ordentlich gehalten und zweimal im Jahr von einem Traktor umgegraben wurden, denn er hätte es so gewollt. Inzwischen suchte sie nach einem Haus in Saint-Paul, entweder ein altes oder etwas Moderneres – eine »veella«, wie sie es nannte.
Sie hatte nie Autofahren gelernt, fuhr jedoch auf ihrer *mobylette*, einer vespaähnlichen Maschine, wie eine Walküre. Schließlich, nachdem sie mehrere Häuser besichtigt hatte, fand sie ihre »Villa«, einen einfachen Bungalow neben anderen in einer ruhigen Ecke, nicht weit weg von den römischen Ausgrabungen. Es war ein nettes Haus, hell, gemütlich, gut gebaut, und man konnte gut zu Fuß ins Stadtzentrum gehen. Sie hatte es für ihre alten Tage gekauft, erzählte sie mir, und sie würde nie wieder umziehen.
Die Villa hatte einen ruhigen kleinen Garten, der nach Süden lag, und ein rosafarbenes Bad, das sie liebte.
Ich besuchte sie. Sie zeigte mir alles. Der Geruch von Möbelpolitur und Sauberkeit lag in der Luft. Neue Spitzengardinen

hingen an den Fenstern, und rote Geranien blühten auf der Terrasse. Ich sagte ihr, daß ich das Haus bewunderte und wie schön sie ihre wenigen Möbel aufgestellt habe. Sie freute sich – fügte jedoch traurig hinzu: »Wenn nur Gaston hier bei mir sein könnte, wäre es ein wahres Paradies.«
Im stillen glaubte ich, daß Gaston es die Hölle gefunden hätte, so eingeengt zu sein. Er liebte die Felder, den offenen Himmel, die Zypressenhecken und die Hügel. Und doch, vielleicht hätte er sich eingewöhnt – wäre ein wenig in der Stadt spazierengegangen, wäre herumgetrödelt, um den Männern auf dem nahegelegenen Platz beim Boule zuzusehen, hätte den Rasen gemäht ...
Bevor sie in die Stadt zog, starb Madame Corbets Katze Frisquette – oder vielmehr mußte sie eingeschläfert werden. Sie war krank geworden, nach ein paar Besuchen beim Arzt war es klar, daß man nichts tun konnte, um sie zu retten. Sie litt und hatte offenbar Schmerzen.
Ich fuhr Madame Corbet und Frisquette zum Tierarzt, Frisquette gefangen in einem Korb, um die tödliche Spritze zu bekommen. Auf dem Weg dorthin redete Madame Corbet angeregt, als Frisquette ein langgezogenes, verzweifeltes, herzerweichendes Heulen von sich gab.
»*Tais-toi*, Frisquette!«
Madame Corbets kräftiger Ruf brachte die arme Katze zum Schweigen, bis wir beim Tierarzt ankamen, als Frisquette wieder schrie – und wieder. Madame Corbet rief: »*Tais-toi*«, ohne die leiseste Zuneigung oder Sympathie. Und sie weigerte sich, Frisquette in den Raum zu begleiten, wo sie sterben sollte, sehr zu meiner Empörung ...
Docteur Lamartin sagte beruhigend zu mir: »Es gibt Leute, die nicht sehen wollen ...«, und er versprach, sich sofort um Frisquette zu kümmern.

Vielleicht bedeutete Madames Härte das gleiche wie ihr unbewegtes Gesicht – die Art, um ihre Gefühle unter Kontrolle zu halten.
So zog Madame Corbet ohne Hund oder Katze in die Stadt, und sie wollte auch kein Tier mehr aufnehmen. Ihr Leben wurde ziemlich fröhlich in einer Weise, wie es zu Lebzeiten ihres Mannes nie möglich gewesen war. Alle ihre Bekannten versammelten sich um sie und halfen ihr, ihr Haus in Ordnung zu halten. Ich bewunderte sie für ihre Entschlossenheit und ihren Mut, und es gab noch einen anderen Zug an ihr, der mich erstaunte – und den ich auch bewunderte. Sie bereitete weiterhin Essen für sich selber zu, mit derselben Sorgfalt und Ausgefeiltheit wie damals, als sie mit Gaston zusammenlebte. Sie zeigte mir eines Tages, was sie zu Mittag essen wollte – einen sehr schönen Gemüsesalat, hübsch angerichtet in einer Glasschüssel, feingeschnittenes Rindfleisch in Pilzsauce, *pommes dauphinoises* ... und ein paar Himbeeren. Sie gab auch Mittag- und Abendesseneinladungen für ihre Bekannten. Manchmal saßen zwölf Menschen an ihrem Tisch. Ihr Mann hätte so eine Art von Unterhaltung nie akzeptiert, trotzdem betrauerte und vermißte sie ihn. Mehrmals ging ich mit ihr zum Friedhof und sah zu, wie sie schwere, große Töpfe mit Blumen aufstellte, Pflanzen goß, totes Laub und Stengel abschnitt, zurücktrat und auf das Grab blickte, in dem er lag. Auch ich blickte hin und sah ihn dabei, wie ich ihn gekannt hatte: ein stämmiger Mann mit mächtigen Schultern und kurzen Beinen, die Mütze über eine breite Stirn gezogen, freundliche, zerfurchte Gesichtszüge, ein strahlendes Lächeln; ein großzügiger Mann, der leicht in Wut geriet und das Land leidenschaftlich liebte. Ich versuchte, ihn als jungen Mann zu sehen, wie er von Nazis angeschrien und in einen Zug getrieben wurde, der ihn auf eine lange, lange Reise in fünf heiße

Sommer und fünf bittere Winter brachte, verwirrt, durcheinander, gefangen unter fremden Menschen, die eine Sprache sprachen, die er nicht verstand ... die er sich anstrengte, zu verstehen ... während er von der Provence träumte.
Hatte ihm irgend jemand geschrieben – zensierte Briefe ... ihm Essenspakete, Zigaretten geschickt ...? Und wenn ja, was stand in den Briefen, was konnten sie in fünf Kriegsjahren sagen, während er sich fragte, ob er jemals wieder zurückkehren, jemals die Provence wiedersehen würde?

26

Ödipus kam einmal von seinen Ausflügen krank zurück. Er weigerte sich, zu fressen, und lag schlaff und müde auf einem Sofa im Wohnzimmer. Er mußte hohes Fieber haben, doch es war unmöglich, Fieber zu messen.
Ich bat *docteur* Lamartin, zu kommen. Während ich mein Bestes tat, um den sich wehrenden Ödipus zu halten, stieß er eine Nadel in seine Flanke, mit der er ihm ein langes, aber langsam wirkendes Antibiotikum verabreichte.
»Er hat Lungenentzündung«, sagte er zu mir.
»Woher wissen Sie das?«
»Wenn ein *matou* bei diesem Wetter krank nach Hause kommt, hat er Lungenentzündung. Das ist normal.«
Docteur Lamartin lächelte und wollte schon gehen, blieb dann jedoch einen Moment stehen, um sich etwas für den Computer zu notieren, in dem alle Patienten der Klinik verzeichnet standen.
»Wie heißt er?«
»Ödipus – oder vielmehr Oedipe ...«
»Nein, nein, Ödipus, Ödipussy – denke ich ...«
Er ging – und Ödipussy erholte sich wieder.
Es gab Zeiten, in denen die Katzen und Hunde ständig krank zu sein schienen, einer nach dem anderen – entweder Zahn-

Es gab Zeiten, da schienen die Katzen ununterbrochen krank zu sein, doch dieses Mal erholte sich Ödipus wieder.

schmerzen oder Ohrenschmerzen oder Lungenentzündung oder Bißwunden, die sich infiziert hatten. Ich verzweifelte, weil ich fast jeden zweiten Tag in die Tierklinik mußte, Medizin abholte oder Tiere hin und her transportierte. In der Klinik war man hilfsbereit und unterstützte mich.

»Es ist die typische Jahreszeit«, sagte Madame Grasse, die wunderbar tüchtige Empfangsdame, die den ganzen Tag voller Ruhe und Geduld den Tierhaltern gute Ratschläge gab und sie beruhigte. »Wenn das Wetter sich ändert, wird es schon besser.«

»Bei so vielen Tieren«, sagte sie zu mir, »muß einfach ab und zu mal eines krank werden.«

Docteur Lamartin behandelte seine Kunden und ihre Tiere

mit äußerstem Taktgefühl und großer Sachkenntnis. Er verstand nur zu gut die Gefühle, die Menschen in ihre Tiere investierten, und er respektierte diese Gefühle.
»Katzen sind schwierig«, sagte er mitfühlend, »vor allem solche, die aus der Wildnis gerettet wurden. Hunde sind leichter zu handhaben!« und er lächelte Caramel an – der ein Besuch in der Klinik immer sehr gefiel – und tätschelte sie.
»*Les chats sont difficiles*«, hörte ich oft.
Wenn ich im Supermarkt Katzenfutter kaufte, erkundigte sich die Kassiererin, die meine Dosen zählte: »*Est-ce que vos chats sont difficiles?*«
»Sehr«, antwortete ich, »haben Sie eine Katze?«
»Ich hatte eine, als ich zu Hause lebte; jetzt nicht mehr. Meine Mutter hat fünfzehn Katzen.«
»Sind sie schwierig?«
»Ja.« Sie lächelte schüchtern.
»Alle Katzen sind schwierig«, sagte ich, und sie stimmte mir ein wenig traurig zu.

27

Grisette war eine Zigeunerin, eine hübsche Vagabundin. Madame Corbet kam eines Tages herüber, um zu sehen, ob der wilde Spargel zu Füßen der Zypressen schon eßbar war. Das war, bevor sie in ihren Bungalow in der Stadt zog. Im Laufe des Gesprächs erzählte sie, daß ein Kätzchen am Tag zuvor an ihrer Tür aufgetaucht sei, ein schönes kleines Kätzchen mit einem winzigen roten Halsband, das mit Perlen bestickt war.
»Dann muß er – oder sie – jemandem gehört haben?«
»Ja, aber wem? Das Kätzchen ist so klein, daß man sich kaum vorstellen kann, daß sie von weither kommt ...«
»Füttern Sie sie? Ist sie alt genug zum Fressen?«
»Ja, sie kann fressen.«
Madame Corbet war unverbindlich, was das Füttern des Kätzchens anging. Sie wollte nicht zugeben, daß sie es fütterte. Die Marokkaner nebenan, die Kinder schienen es zu füttern, wenn Maurice gefüttert war ...
Maurice, die Katze meiner marokkanischen Nachbarn, fraß meistens bei mir. Ich nahm an, daß Madame Corbet dem Kätzchen etwas von ihren eigenen Mahlzeiten gab, jedoch nicht offiziell die Verantwortung für sein Wohlergehen übernehmen wollte.
Als ich sie das nächstemal wiedersah, fragte ich: »Wie geht's

dem Kätzchen?« Inzwischen stand das Geschlecht fest – ein Weibchen –, und sie hatte einen Namen: Grisette.
Ich bemerkte, daß Madame Corbet sie zu mögen begann.
»Trägt sie noch das Perlenhalsband?«
Das tat sie, doch sie wurde immer größer, und das Halsband war winzig. Nach einer Weile sagte sie, sie denke, daß Grisette einem Kind gehört haben mußte.
»Warum?«
»So ein hübsches kleines Kätzchen und so ein hübsches kleines Halsband ...«
Als wir das nächstemal über Grisette sprachen, sah es so aus, als ob sie trächtig wäre und Maurice dafür verantwortlich sei. Und als wir wieder über sie sprachen, hatte Grisette, obwohl sie noch sehr jung war, drei hübsche Kätzchen in Madame Corbets Garage zur Welt gebracht. Madame Corbet wirkte sehr erfreut, und den Jungen ging es gut.
Es folgte ein tragisches Unglück.
»Wir hätten es nicht tun sollen«, jammerte Madame Corbet wieder und wieder. »Wir hätten sie nicht anfassen sollen. Aber wir haben sie angesehen, und Malika hat gesagt, welches mir gefiel und welches ihr gefiel, und wir haben sie hochgehoben, um sie besser anschauen zu können ...«
Sie sah sehr beunruhigt aus, versuchte aber zu lächeln. »Nun, Grisette war sehr aufgeregt. Sie hat sie weggeschleppt – irgendwohin – ich weiß nicht, wohin, ich habe nachgesehen, konnte sie aber nicht finden, und sie ist fort – sie ist verschwunden ...«
Madame Corbet hatte überall gesucht. Sie konnte keine Spur von den Kätzchen finden, und sie hörte sie nicht schreien. Und Grisette war verschwunden. Madame sah bekümmert und schuldbewußt aus – und fühlte sich auch so –, doch wir konnten nichts tun.

Am Abend desselben Tages sah ich eine kleine fremde Katze in den Büschen neben der Terrasse herumstreunen, eine helle, graublonde Katze mit, wie ich dachte, einem roten Halsband, doch da war ich mir nicht ganz sicher. Die Katze rannte davon, als ich näher kam.
Und sie kam wieder, tauchte für einen Augenblick im Katzenfenster auf und rannte dann wieder davon. Diesmal sah ich deutlich ein schmales rotes Halsband, das leicht glitzerte, was von den Perlen kommen mußte. Es war Grisette. Ich rief Madame Corbet an, um ihr die Neuigkeit mitzuteilen. Jedoch keine Spur von den Kätzchen. Es stellte sich später heraus, daß sie sie verlassen hatte, nachdem sie sie, eines nach dem anderen, aus Madame Corbets Garage gebracht hatte. Grisette tauchte danach noch öfter im Mas des Chats auf, angezogen von dem Futter und den anderen Katzen. Sie hüpfte durchs Katzenfenster, bekam einen Teller mit Futter, fraß scheu und eilte davon.
Inzwischen war sie eine zauberhaft aussehende, junge Katze, von heller Farbe und mit großen, schrägen blau-grau-grünen Augen. Eine dünne aschgraue Linie zog sich vom äußeren Augenwinkel zu den Ohren und verlieh ihr einen geschminkten, leicht künstlichen Ausdruck.
Von den Kätzchen hörten und sahen wir nichts mehr, doch Grisette selber etablierte sich bald darauf als Katze des Hauses, wozu sie Monsieur le Gris kräftig ermunterte. Bei ihm war es Liebe auf den ersten Blick. Er war entzückt von Grisette – und sie akzeptierte freudig seine Liebkosungen und seine Zärtlichkeiten. Sie weigerte sich strikt, zu Madame Corbet oder zu den Marokkanern zurückzukehren. Wenn man sie dorthin trug, rannte sie schnell davon, sobald man sie abgesetzt hatte.
Die Art, wie Madame Corbet und Malika mit ihren Jungen umgegangen waren, mußte sie tief verstört haben. Sie war

nicht ganz zahm, doch sie erlaubte mir, sie zu streicheln, während sie etwas distanziert und zurückhaltend blieb. Bald mußten wir sie sterilisieren lassen, denn es gab keinen Platz für noch mehr Kätzchen im Mas des Chats. Die Operation verlief problemlos, und Grisette erholte sich schnell.
Monsieur le Gris vergötterte sie weiterhin. Er leckte sie ab und spielte mit ihr zu jeder Tages- und Nachtzeit. Sie wurde größer und immer schöner, doch das kleine rote Perlenhalsband schnürte ihren Hals ein.
Ich nahm es ab und behielt es aus sentimentalen Gründen – ich habe es immer noch: ein ganz kleines hellrotes Halsband mit einem ausgefallenen Design aus winzigen, glitzernden Perlen. Plötzlich wurde Grisette ruhelos. Ich glaube heute, ich hätte sie an einen Platz gewöhnen müssen, der nur ihr gehörte, einen Raum im Mas, den sie als den ihren betrachten konnte – wie ich es auch bei Sugar und anderen Neuankömmlingen tat. Ich hätte sie ungefähr eine Woche lang einschließen und dort füttern und viel Aufhebens um sie machen sollen – dann hätte sie vielleicht ein Zugehörigkeitsgefühl entwickelt.
Ich aber ließ sie umherwandern.
Sie begann lange Ausflüge zu unternehmen – was für Weibchen ungewöhnlich ist, besonders für sterilisierte. Manchmal war sie stundenlang weg, manchmal ging sie am Morgen fort und kam erst um Mitternacht oder später zurück.
Ich wartete auf sie. Ich fütterte sie, wenn sie zurückkam, wie spät es auch sein mochte. Sie sah besorgt aus. Sie sah bekümmert aus. Sie sah unglücklich und erschüttert aus. Sie wurde wilder.
Ich machte mir Sorgen um sie.
Wohin ging sie? Es mußte weit weg sein. Manchmal, wenn sie wiederkam, war sie kaum hungrig. Hatte sie ein anderes Heim

Grisette war eine hinreißend aussehende, junge Katze. Sie etablierte sich als Katze des Hauses und wurde dabei von Monsieur le Gris ermutigt.

gefunden, wo sie gefüttert wurde, oder hatte sie gejagt und Mäuse und Vögel gefressen?
Wenn ich nachts darauf wartete, daß sie zurückkam, ging ich hinaus in den dunklen oder mondbeschienenen Garten. Manchmal sah ich sie flott über die kleine Brücke heimkehren, die von der *colline* herunterführte. Doch ich sah sie nicht immer zurückkommen, und vielleicht lief sie manchmal über die Felder. Ich sprach mit Madame Corbet über ihre Ausflüge. Sie war ein wenig bitter, was Grisette anging. Sie sagte: »Grisette hat ein Heim verlassen, um zu mir zu kommen. Dann verließ sie mich, um zu Ihnen zu gehen, und jetzt hat sie Sie verlassen. Grisette ist eine Wanderin, eine Zigeunerin. Es liegt in ihrer Natur.«

Grisette kam jeden Abend später und später nach Hause. Doch immerhin kam sie zurück. Dann eines Nachts erschien sie nicht mehr, und ich sah sie nie wieder.

Die Nacht, in der sie verschwand, war hell. Ein riesiger silberner Mond stand am Winterhimmel. Gegen Mitternacht blickte ich aus einem Fenster im oberen Stockwerk in der Hoffnung, Grisette zu sehen, und sah statt dessen einen großen Fuchs auf der Terrasse – einen außergewöhnlich großen Fuchs. Er lief knurrend umher. Nach einer Weile trollte er sich über die Felder, doch er hätte sehr wohl oben auf dem Hügel gewesen sein können, bevor er ins Mas des Chats kam.

War er vielleicht verantwortlich für Grisettes Tod?

Man sagt, daß Füchse normalerweise keine Katzen angreifen, aber es war eine sehr kalte, eisige Nacht, und vielleicht war der Fuchs ja sehr hungrig gewesen. Ich dachte, daß Grisette bei ihren Ausflügen sorglos war und vielleicht überrascht worden war.

Vielleicht war es nur eine Zufall – und doch ... Ich machte eine Runde in der Nachbarschaft.

Auf der anderen Seite der *colline* war das Haus einer amerikanischen Frau, die abwesend war und einen französischen *gardien* hatte, einen angenehmen, freundlichen jungen Mann. Ich besuchte ihn und beschrieb ihm Grisette. Ja, er kannte sie. Sie lief oft durch den Garten – fast jeden Tag. Doch er hatte sie seit der Nacht, in der sie nicht nach Hause gekommen war, nicht mehr gesehen. Er war sich dessen ganz sicher.

Ein Unfall konnte Grisette zugestoßen sein. Ein Auto konnte sie überfahren haben. Sie konnte erschossen oder vergiftet worden sein.

Ich fragte überall. Ich fragte in jedem Haus in der Nachbarschaft, aber keiner wußte etwas von ihr.

Ein Bauer in der Nähe, der Treibhäuser besaß, sagte: »Eine weibliche Katze? Sie gehen nicht weit von zu Hause weg. Sie kommt wieder ... außer ihr ist etwas zugestoßen ...«
Fand sie ein anderes Zuhause? Ich glaube, dann wäre sie von Zeit zu Zeit ins Mas des Chats zurückgekehrt.
Ich vermisse sie. Ich trauere um sie.
Ihr kleines rotes Perlenhalsband liegt immer noch, wie das bei vielen solchen Gegenständen so ist, in einer Schale in der Küche, die auch Gummibänder, einen Flaschenverschluß, ein paar Schrauben und einen kleinen Korkenzieher enthält.

28

Maurice, der einäugige Kater der marokkanisch-spanischen Familie nebenan, kam zum Fressen regelmäßig ins Mas des Chats. Er war schlecht behandelt worden und deshalb oft schlechtgelaunt und wild den anderen Katzen gegenüber. Er sprang fauchend und zischend durchs Katzenfenster. Die Katzen des Hauses hatten Angst vor ihm und schlichen vorsichtig fort, wenn er eine seiner schlimmen Stimmungen hatte. Mir gegenüber war er zutraulich. Er rieb sich mit einem tiefen, grummelnden Schnurren an meinen Beinen. Er fraß gierig, als ob er zu Hause nie etwas bekäme. Wenn er nicht dieses einäugige, clownhafte Aussehen gehabt hätte, wäre er ein schöner Kater gewesen. Sein getigertes Fell wies feine Linien auf mit breiten symmetrischen schwarzen Bändern auf hellgrauem Grund.
Ich bemerkte eines Tages, daß er immer dünner wurde. Man konnte sein Rückgrat unter der Haut erkennen, seine Muskeln schwanden und er begann weniger zu fressen. Maurice war krank. Er kam zu uns und starrte sein Futter an, schleckte daran herum und ging wieder. Dann fraß er gar nichts mehr. Ich zögerte, bis ich mit seinen Besitzern sprach. Als ich das letzte Mal bei Malika gewesen war, um mit ihr über Maurice' entzündetes Auge zu sprechen, war sie beleidigend und feindselig gewesen. Sie wisse, wie sie Maurice zu behandeln habe.

Sie würde das Auge baden. Taktvoll bot ich an, die Tierarztrechnung zu bezahlen. Sie winkte mich fort, und ihr starkes – halb afrikanisches, halb arabisches – Gesicht verspottete mich. Maurice mußte schließlich doch zum Tierarzt, und man mußte das Augen entfernen. Ich wußte, daß sie auch jetzt nicht freundlicher auf mich reagieren würde. Dann traf ich Malika zufällig im Supermarkt. Im Laufe des Gesprächs sagte ich: »Was ist mit Maurice los? Ich glaube, er ist krank.«
Malika sah verblüfft und ehrlich erstaunt aus. Ich begriff, daß sie Maurice' Zustand nicht einmal bemerkt hatte.
Ich sagte: »Er ist jeden Tag herübergekommen – hat meine Katzen besucht. Jetzt habe ich ihn schon tagelang nicht mehr gesehen ...«
Malika beschwichtigte mich.
»Oh, Maurice geht es gut – wirklich. Meine Nichte ist gerade bei uns. Sie liebt ihn – wenn sie hier ist, geht er nicht weg – sie spielt die ganze Zeit mit ihm ...«
Ich fragte Madame Corbet: »Haben Sie Maurice gesehen?«
Sie konnte sich nicht erinnern.
Ein paar Wochen später sah ich Malika wieder, als ich Madame Corbet besuchte.
»Was Neues von Maurice?« fragte ich.
Sie sah etwas verlegen aus.
»Nein.« Sie lachte leise. »Es ist komisch, er scheint verschwunden zu sein«, und sie fügte jenen pauschalen Satz hinzu, den alle unachtsamen Tierhalter in der Gegend anführen, wenn man über verschwundene Haustiere redet, aus welchem Grund auch immer: »*Écrasé sur la route* – Er muß überfahren worden sein.«
Doch ich wußte genau, daß Maurice seinen leidenden, ausgezehrten kleinen Körper auf die Felder geschleppt hatte und dort allein gestorben war.

29

Er war klein und stämmig, fröhlich, gutmütig und wie alle anderen ein wenig ein Gauner.
Ich kannte ihn als einen lachenden Mann von ungeheurer Energie, der seiner Familie treu ergeben war und seine zwei Söhne liebte. Er war der Postbote, aber auch ein *agriculteur*, ein Besteller der Erde, ein Anbauer von Gemüse und Obst, der in einer Familie von Bauern geboren war. Er kümmerte sich um meine Weinreben und bekam dafür die Trauben. Diese konnte er zu einem guten Preis verkaufen, wenn das Wetter günstig war und wenn er sich gut um die Reben gekümmert hatte.
Sein Herz machte ihm Probleme. Vor Jahren hatte er eine schwere Erkrankung der Herzkranzgefäße gehabt. Die Ärzte hatten operiert und ihm einen Bypass gelegt, um die blockierten Arterien zu versorgen.
Dies funktionierte eine Zeitlang gut, doch nachdem ich ein paar Jahre im Mas des Chats gewohnt hatte, machte sein Herz erneut Schwierigkeiten. Er wurde krankgeschrieben. Inzwischen brachten mir männliche und weibliche Aushilfen, die oft den Weg zu meinem Haus nicht finden konnten, meine Briefe.
Manchmal kümmerte er sich um die Reben, und in manchen Jahren hatten seine anderen Beschäftigungen und Interessen

Vorrang. Seine Artischocken, seine Oliven, seine Melonen, seine Erdbeeren, der Umzug seines Sohnes nach Lyon, seine Ferien am Meer, seine Aprikosen, seine Kirschen und die Geburt eines Enkels hielten ihn davon ab, den Reben die Betreuung zukommen zu lassen, die sie brauchten. Dann litten die Trauben, wurden krank, verschrumpelten oder vertrockneten.

In meinem fünften Jahr im Mas des Chats war er besonders nachlässig. Wie ich es schon oft zuvor getan hatte, drohte ich ihm damit, mir jemand anderen zu suchen, der sich um den Weinberg kümmerte – oder die Reben herausziehen zu lassen. Wie immer entschuldigte er sich und beruhigte mich. Er lachte reuevoll, und seine blauen Augen lachten mit. Er verstand, ich hatte recht, und im nächsten Jahr würde er es besser machen.

Und im sechsten Jahr grub er tatsächlich die Erde um, sprühte, düngte und beschnitt, wie er es jedes Jahr hätte tun sollen. Er pflanzte sogar neue Reben, wo die alten abgestorben waren, und fügte zwei neue Reihen am hinteren Ende des Weinbergs hinzu. Das Ergebnis war eine Rekordtraubenernte.

Wie immer war die Ernte eine lärmende, fröhliche Familienfeier. Seine Frau, die so klein war wie er und fest und robust, war dabei und trug eine dicke rote Wolljacke und enge rote Hosen. Seine Schwiegermutter, die die gleiche Figur hatte wie seine Frau, trug eine graue Strickjacke und einen bescheidenen Rock. Seine beiden Söhne waren mit ihren Freundinnen oder Frauen da, und es gab auch noch eine Schwägerin, wie ich glaube, oder Schwester von Madame Sabin.

Alle arbeiteten schwer (außer vielleicht die Freundinnen), riefen einander zu, lachten, schnitten und unterhielten sich. Ein Korb mit Trauben nach dem anderen wurde auf den Lieferwagen geladen.

Der Postbote war ein lachender Mann mit einer ungeheuren Energie. Er kümmerte sich um die Reben in meinem Weinberg.

Ich ging hinaus, um mit ihnen zu reden.
In der vorigen Woche hatte es Stürme gegeben, die glücklicherweise die Trauben nicht zerstörten. Mehr schlechtes Wetter war angesagt, doch am Tag der *vendange* schien die Sonne hell, und es wehte ein frischer Wind.
»Besser nicht bis nächste Woche warten«, sagte ich zu dem Postboten.
Er lachte.
»Nächste Woche werde ich in Marseille sein«, sagte er, »im Krankenhaus.«
»Was! Warum denn?«
Er tippte sich auf die Brust.
»Sie sagen, ich solle noch mal operiert werden.«

»O nein!« Ich war entsetzt.
»Die Arterien – sie sind in sehr schlechtem Zustand, und sie legen mir noch einen Bypass. Diesmal fünf neue Arterien.«
»Aber Sie sehen so gut aus!«
»Mir geht es auch gut. Ich kann arbeiten ...«, er machte eine Handbewegung, mit der er seine Umgebung umschloß, »aber sie sagen, es sei unbedingt nötig. Sie haben den Test gemacht – sie konnten sehen, daß alles blockiert ist, haben sie gesagt. Und doch – ich habe keine Schmerzen ...«
Ich wollte so gern sagen: »Gehen Sie nicht, Monsieur Sabin. Schieben Sie es auf. Gehen Sie nicht!« Ich sagte nichts.
Er lachte wieder.
»Ich habe Angst«, sagte er. »Ich habe Angst, daß ich sterben könnte.«
»O nein!« erwiderte ich. »Nein, natürlich werden Sie nicht sterben.« Doch ich hatte auch Angst.
In der nächsten Woche rief mich eine Freundin an.
»Hast du schon gehört?« fragte sie. »Monsieur Sabin ist tot!«
Später erfuhr ich, daß er nach der Operation gestorben war. Es hatte Komplikationen, eine Blutung gegeben, und sie hatten seine Brust wieder aufmachen müssen. Er war achtzehn Stunden unter Narkose, und sein Herz blieb stehen. Trotz aller Mühen, es wieder in Gang zu bringen, wollte es nicht mehr schlagen.

30

Ich sah, daß Hélène etwas wenig Schmeichelhaftes, vielleicht sogar richtig Beleidigendes Curly Thomas zumurmelte, als sie auf dem Raumteiler in der Küche auf ihrem Weg nach oben an ihm vorbeikam. Ihre Nerven waren sowieso angespannt, und sie war in bitterer Stimmung, da sie es erdulden mußte, am späten Nachmittag ungefähr eine halbe Stunde in ihrem Zimmer eingesperrt worden zu sein.
Curly Thomas, der mit halbgeschlossenen Augen döste und wie ein alter Affe oder ein alter chinesischer Philosoph aussah, erwiderte ihr, wie ich meinte, etwas in der Art von: »Stöcke und Steine mögen mir die Knochen brechen, doch Worte ...«, und Hélène sprang davon und rannte die Treppe hoch. Der alte Kater wurde aus zwei Gründen Curly Thomas genannt.
»Curly«, weil seine Ohren (die, wie ich mir vorstelle, aus Gründen der Vererbung sowieso winzig waren) in zahllosen Kämpfen in zwei kleine, wellige Formen gebissen worden waren und dicht am Kopf klebten. Er sah fast so aus, als hätte er keine Ohren. Das und die Tatsache, daß er zwei wunderschöne große und leuchtende Augen hatte, verliehen ihm ein affenhaftes Aussehen.
»Thomas« wurde dem »Curly« von Karen zugefügt, die das

Gefühl hatte, daß »Curly« ein zu schnoddriger Name für einen so traurigen und würdevollen alten Knaben sei. Er war zum Fressen fast genauso lange gekommen, wie ich im Mas des Chats lebte. Vor Jahren war er ein starkes, aggressives Tier gewesen, das die anderen Katzen gefürchtet hatten. Nun lachten sie ihn aus oder verachteten ihn, hielten ihn für einen alten Narren, und vielleicht beleidigten sie ihn auch, wie Hélène es getan hatte. Monsieur le Gris hatte ihn erwiesenermaßen schon öfter angefaucht und sich auf ihn gestürzt. Ich mochte ihn und wußte, daß er alles andere als ein Narr war.

Curly sollte nie eine Katze unseres Hauses sein, und bis zu seiner ersten Krankheit war er eine »Draußen«-Katze, die nur zum Fressen kam und dann wieder ging. Seine zwei extremen Krankheiten – eine folgte sehr schnell der nächsten – machten ihn zu einem ständigen Mitglied des Hauses.

Seine erste Krankheit zehrte ihn aus, und er wollte und konnte nicht fressen. Es war Sommer, und er kam nicht ins Haus. Er lag auf der Terrasse vor dem kleinen Haus und sah so ausgemergelt und erschöpft aus, daß wir dachten, er würde bald sterben. Er hatte Wunden am Kopf, ein Dreieck aus tiefen Bissen, die aussahen, als ob sie durch seinen Schädel direkt in sein Gehirn gingen. Ich fragte den Tierarzt um Rat, und er gab mir einige starke Antibiotikaspritzen, vermischt mit Kortison. Ich konnte ihm täglich drei dieser Spritzen verabreichen, weil er stundenlang auf einem kleinen Tisch auf der Terrasse vor dem kleinen Haus lag und sich nicht rührte. Er wirkte fast bewußtlos und bemerkte die Nadel gar nicht, die sich in seine Haut schob.

Dann verschwand er, und wir alle dachten, daß er gegangen sei, um zu sterben.

Doch nach ein paar Tagen kehrte er zurück und begann ein

wenig zu fressen, dann wollte er mehr. Zwar sah er immer noch aus wie ein Skelett, doch er war wie durch ein Wunder vor dem Tod gerettet.
Nur ein paar Wochen später war er wieder furchtbar krank. Diesmal hatte er Coryza oder Katzengrippe in ihrer schweren Form. Ich sperrte ihn ins Wohnzimmer ein und rief den Tierarzt.
Wieder Antibiotika in hohen Dosen – er brauchte verschiedene –, und wieder überlebte dieser zähe alte Kater. Es dauerte lange, bis er sich vollständig erholt hatte, und er war nur noch Haut und Knochen. Doch er lebte.
Ich könnte schwören, daß er mir dankbar war. Auf seine geheimnisvolle Katzenart schien er anzuerkennen, daß ich ihn umsorgt hatte, und drückte mürrisch seinen Dank aus. Dann begann er zu fressen, er fraß und fraß und trank Milch in riesigen Mengen und das jeden Tag. Langsam gewann er Gewicht und Kraft zurück und blieb im Mas des Chats und suchte sich einen Platz auf dem Raumteiler in der Küche als seinen eigenen aus. Karen liebte ihn. Sie sah in ihm den Entkräfteten, den Schwachen, der an der Wand stand, den Unterprivilegierten, den Benachteiligten. All dies war er auch, und er war auch edel und mutig. Und um ihm Würde zu verleihen, hängte sie an seinen Namen das »Thomas« an.
Im Laufe der Zeit entdeckte ich, daß er viele liebenswerte Charaktereigenschaften hatte – und auch ein paar weniger liebenswerte. Zu den negativen Dingen zählte, daß er ein Dieb war, der Futter stahl, wo immer seine erfahrene Nase ihm sagte, daß er etwas finden würde. Er sprang hinauf auf Küchentische und in Schränke, wenn die Türen halb offen standen. Keinen Teller konnte man unbedeckt oder unbeaufsichtigt lassen, ohne daß er ihn fand und sich bediente. Dies muß eine alte Gewohnheit von ihm gewesen sein, die ihm in

Auf seine geheimnisvolle Katzenart schien Curly Thomas anzuerkennen, daß ich mich um ihn sorgte.

Zeiten geholfen hatte, als die Futterversorgung mager war. Er war nicht bereit, sie aufzugeben, auch wenn man ihm im Mas des Chats soviel Futter gab, wie er fressen konnte. Außerdem ließ er ein wildes, lautes Gejammere hören, das er wieder und wieder ausstieß, wenn er Nahrung verlangte – was er unablässig tat, selbst wenn sein Bauch und sein Napf voll waren. Und sein drittes Vergehen bestand darin, daß er hier und da im Haus kleine Urinspuren hinterließ, um damit anzuzeigen, daß es ihm gehörte.

Positiv an ihm war, daß er ein intelligenter und sehr zutraulicher Kater war. Er war unschuldig und rein wie ein Kind. Besonders gern ging er nach oben und legte sich in einen kleinen Korb, der einst als Nähkorb benutzt worden war. Wenn

Monsieur le Gris Curly Thomas in der Küche angriff – und Monsieur le Gris konnte ihn nicht ausstehen –, zog er sich zurück und ließ den Kopf unterwürfig und dümmlich hängen. Manchmal ging le Gris, der sich nicht mit Fauchen, Knurren und Herumstoßen begnügen wollte, so weit, daß er die arme alte Kreatur schlug. Curly Thomas wich dann traurig und geschlagen hinter ein Möbelstück zurück und blickte aus großen unglücklichen Augen auf die wütende, robuste Gestalt des stämmigen le Gris.

Doch bei anderen Gelegenheiten war Curly ein furchtloser Kämpfer, wovon seine eingerissenen Ohren und sein verwundeter Kopf zeugten. Er war wild den fremden Katzen gegenüber, denen er, wenn man ihn gelassen hätte, niemals erlaubt hätte, im Haus zu fressen. Er liebte es, wenn ich seinen struppigen Kopf streichelte. Dann schnurrte er laut und legte sich auf die Seite. Wenn er nicht nach oben in das Körbchen ging, benutzte er weiter ein kleines Handtuch auf dem Raumteiler der Küche als Bett – und akzeptierte so einen Zustand als Bürger zweiter Klasse. Zusammengerollt lag er auf dieser Stelle und sah aus wie ein Unberührbarer, der auf einer Matte in den Straßen von Bombay schlief.

Ich versuchte, ihm dabei zu helfen, gesund und stark zu werden, indem ich ihn viel fütterte – und sein Appetit war, wenn er fit war, enorm.

31

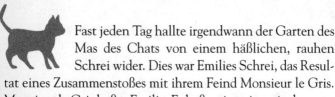

Fast jeden Tag hallte irgendwann der Garten des Mas des Chats von einem häßlichen, rauhen Schrei wider. Dies war Emilies Schrei, das Resultat eines Zusammenstoßes mit ihrem Feind Monsieur le Gris. Monsieur le Gris haßte Emilie. Er haßte sie, seit er sie das erste Mal gesehen hatte, vor Jahren, als Hélène ihre Kinder, Ödipus und Emilie, von der *colline* heruntergebracht hatte, um sie im Mas des Chats unterzubringen.

Die Jungen waren in einem tiefen Loch oberhalb der kleinen Brücke geboren worden, die über das Flüßchen führte. Hélène hatte diesen Ort gewählt, nachdem sie die Katzenschüssel entdeckt hatte, die ich jeden Abend hinter das Haus stellte. Sobald sie erkannte, daß sie so regelmäßig Futter bekommen konnte, mußte sie nach einem sicheren Zufluchtsort gesucht haben, um ihre Jungen aufzuziehen. Das Loch hatte steile, rauhe Seiten, die von dichtem Gestrüpp bedeckt waren. Sie konnte die Jungen zwischen den Dornen und Stengeln verstecken. Die ersten Wochen verbrachten sie unter Sonne und Sternen.

Ich besuchte sie oft.

Ich sah sie größer werden – zwei kleine wilde Katzen der *garrigue*.

Als sie alt genug waren, brachte Hélène sie herunter, damit sie

mit ihr aus dem Katzennapf fraßen. Dann, als sie den Zeitpunkt für geeignet hielt, verkündete sie, daß sie sich vorbereitete, sich mit ihren Kindern im Mas des Chats niederzulassen.
Meinen Protest nahm sie nicht zur Kenntnis. Sie und ihre Kinder betraten das Haus – schwierig für kleine Wesen, die mit Menschen überhaupt keinen Kontakt gehabt hatten. Ödipus, der stärker und kühner als seine Schwester war, wurde schließlich eine Hauskatze. Dabei half ihm Monsieur le Gris, der ihn in demselben Maße liebte, wie er Emilie haßte. Emilie folgte ihrem Instinkt und blieb wild. Sie verließ das Haus. Ich versuchte, sie zu füttern und zu beschützen, aber sie wurde eine Landstreicherin. Sie kam und ging, eine vorüberhuschende weiße Katze, gerade noch hier, dann wieder fort; sie tauchte aus dem Nichts auf und verschwand mit einem Herumwerfen des Kopfes und einem Schlagen des Schwanzes, nachdem sie das Futter gefressen hatte, das man für sie an ihren Lieblingsplatz hingestellt hatte.
Meine Schwester Nora nannte sie den Geist – so flüchtig war die kleine weiße Gestalt, so geheimnisvoll war ihr Kommen und Gehen. Sie war ziemlich wild, doch was Futter anging, von mir abhängig, und oft – nicht immer – tauchte sie ein- oder zweimal innerhalb von vierundzwanzig Stunden zum Fressen auf.
Sie hatte es schwer, zu überleben. Monsieur le Gris jagte sie gnadenlos, und die anderen Katzen folgten seinem Beispiel. Sie hatte kein Gebiet, keinen eigenen Ruheplatz. Sie war ruhelos, ein streunender Flüchtling, ein *sans abri*.
Emilie bekam ihren Namen in Erinnerung an ein trauriges Kind, das einmal mit seiner Mutter und deren Liebhaber in dem kleinen Haus im Garten des Mas des Chats wohnte. Ihre Mutter, Julie, war von zu Hause weggegangen – und hatte

Emilie bei ihrem Vater und ihrer Großmutter gelassen –, um zu ihrem Liebhaber Pierre zu gehen. Julie und Pierre hatten eine Zeitlang in dem kleinen Haus gelebt.
»Ich bin nicht wegen Pierre weggegangen«, sagte Julie zu mir. »Ich ging, weil das Leben für mich unmöglich wurde. Meine Schwiegermutter lebte bei uns. Sie kritisierte alles, was ich tat. Mein Mann ist ein netter Kerl – aber schwach. Er hat Angst vor seiner Mutter. Ich kam immer an zweiter Stelle – die Mutter kam zuerst. Es wurde unerträglich ...« Julie wischte sich eine Träne weg.
»Und Emilie?«
»Ich dachte, es würde ihr bei ihrem Vater bessergehen – besser, wenn sie zu Hause bliebe. Sie kommt gut mit ihrem Vater zurecht. Sie ist Papas kleines Mädchen ...«
Julie schaute mich verlegen an.
Und nachdem ich sie mit ihrer Tochter gesehen hatte, als Emilie sie in dem kleinen Haus besuchen kam, wußte ich, daß Julie es schwer fand, ihr Kind zu lieben – oder zumindest richtig für sie zu sorgen. Und ich erkannte, daß Emilie zwar Papas kleines Mädchen gewesen sein mag, daß sie sich aber danach sehnte, ihrer Mutter nahe zu sein. Emilie wurde bei ihren Wochenendbesuchen sehr oft zur Tür hinausgeschickt, um allein zu spielen – oder Fahrrad zu fahren, was sie als wütende Rache auch kräftig tat: über den Rasen und die Blumenbeete vom Mas des Chats.
Sie fuhr auch die steile und gefährliche Brücke hinauf und hinunter, die über das Flüßchen zur *colline* führte. Es ging über drei Meter tief hinunter und es gab kein Geländer. Und Emilie, die schmollte und unzufrieden war, lief, während ihre Mutter sie vergaß, hinaus auf die Felder und zu den Bauernhöfen – eine traurige kleine Sechsjährige in einem kurzen weißen Baumwollkleid.

Emilie hatte kein eigenes Gebiet, keinen Ruheplatz. Sie war ruhelos, ein umherschweifender Flüchtling, ein sans abri.

Emilies Mutter war klein und so dünn, daß sie fast zweidimensional aussah. Sie war dunkelhaarig, während Emilie blond und stämmiger als ihre Mutter war. Julie war ständig besorgt, nervös und unsicher; ihre Hände zitterten, und sie schlief unruhig. Doch von den zweien sah trotzdem Emilie wie ein Zwerg aus.

Die Katze Emilie erinnerte mich an das Kind, denn auch sie wirkte wie ein Zwerg, war blond und breiter als ihre elegante Mutter Hélène. Doch Hélène war mutig und entschlossen, und Emilie hatte die Eigenschaften ihrer Mutter geerbt.

»Obwohl ich nicht glaube, daß sie sehr klug ist«, sagte ich zu meiner Schwester, als wir an einem faulen Sommernachmittag am grünen Swimmingpool saßen. »Ich habe für sie

Futter an einen bestimmten Platz hingestellt, und sie sucht anderswo danach.«

Nora lachte. »Für eine Katze ist sie klug genug. Schau nur, was sie durchgemacht hat, und sie hat überlebt.«

Es stimmte, daß Emilie alle möglichen Abenteuer überstanden hatte. Als sie ungefähr sechs Monate alt war, hatte ich sie eingefangen und zum Tierarzt gebracht, um sie sterilisieren zu lassen. Am Tag nach der Operation war sie aus dem Zimmer im ersten Stock entwischt. Sie schlüpfte durch ein kleines Fenster und glitt eine glatte Wand entlang hinunter. Sie kam zum Fressen zurück – Futter, das extra für sie hingestellt wurde –, doch sie blieb für immer verschreckt, wenn ich mich ihr nähern wollte. Einmal war sie sehr krank. Wie viele der »Draußen«-Katzen hatte sie die Katzengrippe bekommen. Sie nieste und hustete, und auf Nase, Maul und Zunge entstanden Geschwüre. Schleim verstopfte ihre Nasenlöcher. Sie versuchte zu fressen, doch der Schmerz der Geschwüre muß sich wie ein Brennen oder ein Wespenstich angefühlt haben.

Sie sprang weg vom Napf und rannte los. Nach ein paar Tagen verschwand sie, und ich sah sie mehrere Tage nicht mehr. Ich stellte mir vor, daß sie, irgendwo versteckt, austrocknete und nicht mehr kämpfen wollte.

Dann tauchte sie wieder, wie ein Geist, auf; sie sah schwach und krank aus, und rote Blasen bedeckten Maul und Nase. Ich startete eine Kampagne, um ihr beim Fressen zu helfen. Ich legte eine Reihe von Mahlzeiten aus weichem, halbgekochtem wäßrigem Fisch dort aus, wo ich glaubte, daß sie sie finden würde. Sie begann zu fressen, immer nur kleine Mengen, und vielleicht rettete dieses Futter sie.

Es dauerte Wochen, bevor es ihr wieder gutging – doch sie fand zu ihrer alten Stärke zurück. Sie führte ein Leben am

Rande des Mas trotz der wilden Angriffe von Monsieur le Gris und den anderen Katzen.

Manchmal sah man sie jagen, eine kleine weiße Katze, die wie eine Statue in einem Feld saß, einer Maus auflauerte und durch das hohe Gras huschte. Sie hockte auch bei den Zypressen, den Kopf erhoben, bereit, sich auf einen unachtsamen Vogel zu stürzen – und dann verschwand sie. Geisterhafte Emilie, Außenseiterin, Einzelgängerin, dem einsamen Kind nicht unähnlich, das in seinem kurzen weißen Rock über die Felder wanderte.

Hélène, Ödipus und Emilie blieben eng miteinander verbunden – und ihre Beziehung überdauerte die Jahre. Hélène war weiterhin mütterlich zu ihren Kindern, auch wenn sie Ödipus gegenüber liebevoller war. Sie lief zu ihm, um ihn zu trösten, wenn er hungrig und schreiend hereinkam.

Sein Schrei war laut und voller Leidenschaft, wie das Blöken eines Lamms und nicht wie eine Katze. Man konnte ihn rufen hören, wenn er weit fort in den Wiesen war und nach langem, anstrengendem Paaren und Kämpfen, manchmal bei eiskaltem Wetter, heimkehrte.

Hélène war beunruhigt durch sein Schreien und lief hin, um an seinem Fell zu schnüffeln und ihn zu lecken, aber Ödipus war nicht immer bereit, ihre Zärtlichkeit anzunehmen. Wenn er sehr hungrig war, schüttelte er sie ab, um sich besser aufs Fressen konzentrieren zu können. Doch sie war der Boß. Sie konnte ihn so scharf ermahnen, daß er sich duckte und zurückwich, obwohl er viel größer und schwerer war als sie. Emilie dagegen sehnte sich nach der Aufmerksamkeit ihrer Mutter. Hélène benahm sich oft kühl ihr gegenüber und manchmal gleichgültig. Trotzdem fühlte sich Emilie sicher, wenn ihre Mutter in der Nähe war. Sie trottete aus ihren Verstecken im Weinberg hervor und stieß schrille kleine

Hélène war immer noch mütterlich zu ihren beiden Kindern, auch wenn sie Ödipus gegenüber mehr Zuneigung zeigte.

Schreie aus, wenn die makellose Hélène hochmütig zu einem Spaziergang aufbrach. Oft beachtete Hélène Emilies Bitten um Aufmerksamkeit nicht, doch ich hatte das Gefühl, daß sie eine strenge Mütterlichkeit ausstrahlte, die ihre Tochter beruhigte. Emilies wahrer Freund war ihr Bruder. Wenn er in ihrer Nähe war, meckerte und schrie, hatte sie genug Selbstvertrauen, um Monsieur le Gris standzuhalten, zu zischen und ihm Beleidigungen zuzuschreien. Monsieur le Gris wagte dann nicht, sie anzugreifen, sondern trabte tatsächlich ziemlich nervös davon.

Manchmal benahm sich der kleine Clan aus Hélène, Ödipus und Emilie arrogant gegenüber den anderen Katzen und wirkte so, als wollten sie das Mas übernehmen. Diese Demonstration von Stärke fand auf der Terrasse oder am Swimmingpool statt: drei schöne, starke Katzen stolzierten angeberisch daher. Die anderen Katzen sahen, so dachte ich, ein wenig besorgt aus, doch ich fand ihre Bindung aneinander rührend und bezaubernd.

32

Im Mas des Chats gab es ein paar Beispiele für eine Art von Nervenzusammenbruch, eine Krise des Selbstvertrauens, eine tiefe Unsicherheit, die sich bei den Katzen breitmachte.
Alle Katzen waren äußerst sensibel und leicht erregbar, doch Katy und Hélène zeigten, jede auf ihre Weise, Symptome, die auf eine deutliche emotionale Störung hinwiesen.
Hélène war immer eine melancholische Katze mit einem traurigen Gesichtsausdruck gewesen. Sie war leicht gereizt und gab laute, wütende Schreie von sich, wenn sie zornig oder unglücklich war – was ziemlich oft der Fall war. Sie wirkte manchmal zynisch und bitter und konnte ihren beiden Kindern gegenüber barsch und zurückweisend sein. Wenn sie besonders kummervoll war, versuchte ich, sie zu trösten, indem ich sie streichelte und mit ihr sprach, doch es konnte passieren, daß sie mich abschüttelte und mich sogar mit Fauchen und ihren Krallen bedrohte. Sie war wie das am wenigsten geliebte Kind in einer Menschenfamilie. Ich wußte, sie war eifersüchtig, oft jedoch unfähig, ihre Eifersucht auszudrücken. Ich konnte sehen, wie ihre Augen in einem inneren Ansturm der Gefühle brannten, wenn ich zum Beispiel Baby streichelte, während sie von ihrem Platz auf einem Heizkörper auf der anderen Seite des Zimmers zusah.

Von Zeit zu Zeit sprang sie herunter und rieb sich an meinen Beinen, damit ich sie bemerkte und ihr Aufmerksamkeit schenkte. »Was ist mit mir? Was ist mit mir?« Ich versuchte dann schnell, sie zu trösten.

Im Sommer schlief sie tagsüber gern auf der Kühlerhaube des Autos, das im Schatten des Parkplatzes stand. Sie kam abends ins Haus und schlief dann in meinem Zimmer, vorausgesetzt, sie war die einzige Katze im Raum.

Eines Abends eilte sie durchs Katzenfenster herein und sah wild und erschreckt aus. Erstaunt bemerkte ich, daß ihr Fell naß war – als ob sie in das Flüßchen gefallen wäre, das am Garten entlangfloß. Ich versuchte, sie abzutrocknen, doch sie schüttelte mich mit einem warnenden Schrei ab, drehte sich um und rannte sofort wieder weg.

Später sah ich sie, wie sie wieder auf der Kühlerhaube saß. Sie war nun ruhiger und ließ sich von mir streicheln. Doch sie weigerte sich, in dieser Nacht ins Haus zu kommen – und auch am nächsten Tag. Sie blieb auf der Kühlerhaube, und dort lebte sie in den nächsten zwei, drei Wochen. Wenn das Auto herausgefahren wurde und ich wegfuhr, lag sie in der Nähe auf dem Metalldeckel des *forage*, der Pumpe, die das Wasser für das Haus und den Garten lieferte. Sobald das Auto zurückkam, sprang sie auf ihren üblichen Platz auf der Kühlerhaube. Sie begann so zu tun, als ob es völlig normal sei, sich auf der Kühlerhaube eines Autos häuslich einzurichten. Viele Leute, so versuchte sie uns glauben zu machen, täten genau das gleiche. Und wo, fragte sie sich, war ihr Abendessen? Sheila wohnte damals mit John in dem kleinen Haus. Sie und ich benahmen uns wie jemand, der einen Verrückten bei Laune hält. Wir stimmten zu, daß es ganz normal sei, auf einer Autokühlerhaube zu wohnen. Wir trugen ihr Fressen morgens und abends auf Tabletts hinaus. Hélène empfing ihr Futter würdevoll und machte deutlich, daß sie es als ganz normal betrachte, daß wir das Futter zu ihr brachten. Sie fraß begeistert, die frische Luft machte ihr Appetit.

Offensichtlich hatte sie irgendeinen schweren Schock erlitten. Vielleicht hatte ein Hund sie gejagt, und sie war in den Kanal gefallen, vielleicht auch durch Unachtsamkeit – doch das war unwahrscheinlich. Sie war geschickt und wendig. Ich nehme an, sie fühlte sich draußen sicherer, wo sie fliehen konnte, wenn es nötig war. Im Haus hatte sie vielleicht das Gefühl, in der Falle zu sitzen.

Was auch der Grund sein mochte, Hélène setzte ihren *séjour* auf der Kühlerhaube mindestens zwei Wochen lang fort. Glücklicherweise war es warm und trocken. Sie war ungewöhnlich nervös und angespannt, und bei der leisesten Bewegung oder einem Knacken im Gebüsch erschrak sie und wurde unruhig. Ich glaube, sie hatte geplant, sich, wenn nötig, in die benachbarte Zypressenhecke zu flüchten.

Nach einer Weile beruhigte sie sich wieder. Sie machte kurze Ausflüge – zum Beispiel zum Swimmingpool –, doch sie kehrte schnell zurück zu ihrem Hochsitz auf dem Auto. Schließlich kam sie zu dem Schluß, daß sie sich gut genug fühlte, um ins Haus zurückzugehen, und danach wurde ihr Verhalten wieder so normal, wie es vorher gewesen war – zurückhaltende Zutraulichkeit und gelegentliche Ängstlichkeit wechselten ab.

Katys Nervenzusammenbruch war das Ergebnis der Tatsache, daß sie von Monsieur le Gris gequält wurde. Er begann damit, und sie fiel in einen depressiven und unruhigen Zustand, und in dieser Stimmung war sie viel scheuer. Sobald er ihre Verwundbarkeit spürte, zeigte er sich ihr gegenüber von seiner schlimmsten Seite. Je mehr sich Katy wie ein Opfer fühlte und benahm, desto aggressiver wurde Monsieur le Gris.

Hélène war immer eine melancholische Katze mit einem traurigen Gesichts-ausdruck gewesen.

Katy wurde von ihm verfolgt, und sie wurde immer aufgeregter. Sie wußte nicht, wohin sie sich retten konnte. Sie kletterte auf den Kaminsims und kauerte dort auf einem schmalen Vorsprung wie eine Gemse auf einem Felsen in den Alpen. Sie sprang herunter und kroch unten in den offenstehenden Kühlschrank. Ich wußte nicht, daß sie dort war, und schloß sie aus Versehen ein, so daß sie mehrere Stunden in der Falle saß. Le Gris folgte ihr überallhin, bedrohte und quälte sie. Sie lief nach oben, er kam ihr nach, sie lief herunter, und er folgte ihr ebenfalls.

Nach einer Weile wußte ich, daß es keine andere Möglichkeit gab, als sie allein in einem Zimmer einzusperren, wo er sie nicht erreichen konnte und sie sich sicher fühlte. Ich wählte

das Wohnzimmer. Katy hatte einige Zeit dort verbracht, als sie sich von der Verletzung erholte, die ein Auto oder Motorrad ihrem Bein zugefügt hatte.
Sie schien erleichtert, dort eingesperrt zu sein. Sie war erschöpft und spähte aus halbgeschlossenen Augen nach mir. Allmählich erwachte sie zu neuem Leben, und etwas von ihrer Munterkeit und ihrer Energie kehrte zurück, doch sie zeigte nicht die kleinste Neigung, das Zimmer zu verlassen. Statt dessen richtete sie sich dort häuslich ein. Sie schuf sich ein bescheidenes, unterhaltsames Leben für sich selbst. Da es Winter war, standen mehrere Topfpflanzen dort, die im Sommer auf der Terrasse waren, große Farne mit hängenden Blättern, unter denen sich Katy aus Spaß versteckte und hervorspähte ...
Tiger, Tiger ... Sie stolzierte von Topf zu Topf wie ein General, der seine Truppen inspiziert, und schnappte scharf nach denjenigen, bei denen sie das Gefühl hatte, daß sie ihre Pflichten vernachlässigten. Um sie aufzuheitern, gab ich ihr eine Reihe von Spielsachen – fünf, um genau zu sein –, drei unterschiedlich große Bälle aus verschiedenem Material und zwei Spielzeugmäuse.
Diese sammelte sie zu einem kleinen Haufen zusammen und schien sie dann zufrieden zu zählen. Danach begann sie, sie zu unterwerfen. Sie griff eines nach dem anderen an, warf sie um, jagte die Bälle umher, sammelte sie dann wieder zusammen und streckte sich triumphierend auf ihnen aus.
Ihr Lieblingsspielzeug war in diesen Tagen ein kleiner weicher Ball mit konzentrischen farbigen Linien darauf. Diesen warf sie fröhlich unter jedes Möbelstück, das zu niedrig für sie war, um darunterzukriechen. Zu Katys Vergnügen und Freude mußte ich auf dem gefliesten Boden herumkrabbeln und ihren bunten Ball suchen.

Allmählich lebte Katy wieder auf. Sie fühlte sich sicher, wenn sie allein in einem Zimmer eingeschlossen war.

Es kam mir vor, als ob sie Besitzergefühle den Pflanzen und Spielsachen gegenüber hegte. Es waren *ihre* Pflanzen und *ihre* Spielsachen, und sie war entschlossen, sie unter Kontrolle zu behalten – vielleicht weil die Außenwelt so außer Kontrolle erschien. Sie brauchte mehrere Wochen, bevor sie sich emotional stark genug fühlte, um hinauszugehen und der Welt gegenüberzutreten – und Monsieur le Gris. Doch nach einer Weile war sie bereit dazu, denn als ihr Selbstvertrauen voll wiederhergestellt war, war sie ein kleiner Drachen, der zischte und fauchte und Monsieur le Gris zu verstehen gab, was sie von ihm hielt – und das war nicht sehr schmeichelhaft. Er war ziemlich verblüfft.

33

Als Emilie in den Weinberg ausgewandert war, tauchte sie oft mit einem Gefährten auf, einem sehr schönen, bronzefarbenen Kater mit glänzenden blau-grünen Augen. Wir fütterten ihn gleichzeitig mit Emilie; zwei Teller wurden regelmäßig in den Weinberg hinausgetragen. Manchmal erschien er allein, wenn Emilie ihn mit ihrem Schrei zu sich befahl. Wir riefen ihn zu Ehren der Brontës Patrick.

Emilie und Patrick schienen gute Freunde zu sein, und wir freuten uns, daß sie einen Gefährten hatte.

Eines Tages rief Giselle Mabeille an. Wie immer schrie sie, und es knackte in der Leitung, doch ich bekam heraus, daß sie fragte, ob ich ihren Kater Pinot gesehen hätte – und sie beschrieb Patrick. Ich antwortete vorsichtig, weil ich mich manchmal fragte, ob sie ihre Katzen mißhandelte – obwohl ich wußte, daß sie sie liebte –, wenn auch vielleicht nur aus Versehen. Ich sagte ja, ich dächte, ich hätte einen Kater im Weinberg gesehen, auf den ihre Beschreibung zutreffe.

Sie mißtraute mir. Ich glaube, sie dachte, ich hätte Pinot gefunden, hielte ihn als Gefangenen und erlaubte ihm nicht, zu ihr zurückzukehren. Eine Zeitlang schlich sie ums Mas des Chats herum und suchte nach Anzeichen, daß Pinot bei mir wäre.

Dann eines Tages rief sie mich fröhlich wieder an. Pinot war zurückgekehrt, hatte bei ihr in der Küche gefressen, sah gesund und gut genährt aus. Ich erzählte ihr, daß ich entzückt sei – und ich freute mich, daß ihr die Sorge um ihn genommen war. Doch Pinot kam weiterhin zum Fressen mit Emilie mit, und als Emilie schließlich beschloß, ins Haus zu kommen, begleitete Pinot sie von Zeit zu Zeit. Ich fand ihn dann auf einem Kissen am Wohnzimmerfenster, wo er aussah, als fühlte er sich sehr wohl und wie zu Hause, während Emilie ihren Platz in einem kleinen Schrank daneben eingenommen hatte.
Es war im Winter meines sechsten Jahres im Mas des Chats, als Emilie sich plötzlich entschlossen bemühte, ins Haus zurückzukehren und Teil der Katzengemeinschaft zu werden. Davor hatte sie eine Zeit des Leidens und des Kummers durchlebt, in der sie von den Hunden, allen voran Caramel und dann, ernsthafter, von Billy, verjagt worden war.
Caramel war eine Zeitlang krank gewesen. Die fröhliche kleine Hündin, die normalerweise vor Energie und Gutmütigkeit platzte, wurde müde und lustlos. Sie weigerte sich zu fressen, zitterte und lag selbst an warmen Tagen in der Sonne.
Wir gingen zum Tierarzt. Ihr Unterleib war geschwollen, doch sie war dünner geworden.
Docteur Arbois befürchtete, daß sie Schilddrüsenunterfunktion haben könnte oder daß ihre Nebennierendrüsen nicht richtig arbeiteten. Sie mußte getestet werden. Alle Stunde mußte ihr Blut entnommen werden, und zwischen den Blutentnahmen machten Caramel und ich kleine Spaziergänge. Sie durfte nicht fressen und war hungrig und sehr müde. Als die letzte Blutprobe entnommen war, war Caramel außer sich. Sie ließ mich wissen, daß ich eine wilde Barbarin sei. Noch eine Nadel in ihrer Vene, und sei würde weglaufen. Sie wollte nie mehr einen Tierarzt sehen, und es war das Ende

unserer besonderen Beziehung. Ich brauchte lange, um sie zu trösten. Die Blutproben wurden zur tierärztlichen Fakultät nach Nantes geschickt, und ungefähr drei Wochen später kamen die Ergebnisse – alles normal.

Docteur Lamartin untersuchte Caramel als nächster. Da er sie gut kannte, war er schockiert, zu sehen, wie dünn sie war, und sagte, er wäre nicht überrascht, wenn sie irgendwo in ihrem Körper Krebs hätte. Auch ihr Herzschlag war nicht ganz regelmäßig. In Abständen keuchte sie und geriet außer Atem. Eine Elektrokardiogramm (*docteur* Lamartins Klinik war höchst wissenschaftlich und modern) zeigte nur die leichte Unregelmäßigkeit ihres Herzschlags und sonst keine Anormalität. Verschiedene Medikamente wurden verschrieben, die zu nehmen sich Caramel hartnäckig weigerte.

Sie erholte sich, und langsam wurde sie wieder ihr fröhliches, munteres Selbst. Als sie glücklich eine schmale, belebte Straße in Arles entlang trabte, wurde sie von einem älteren Engländer in einem geblümten T-Shirt angehalten, der sich über sie beugte und ausrief: »Ach, was für ein hübsches kleines Hündchen!«

Als sie wieder gesund war, wurde Caramel übererregbar, und als Billy ankam, den sie vergötterte, schäumte sie über. Eines Tages, als ich mit dem Auto nach Hause kam, warteten sie und Billy an der Ecke der kleinen Straße auf mich.

Emilie wanderte zufällig gerade im Weinberg umher. Caramel, die vor Freude hysterisch war, verlor den Kopf und stürzte hinter Emilie her, als ob sie ein Hase wäre.

Emilie ergriff die Flucht. Und Billy erhielt die laute und deutliche Botschaft von Caramel, daß Emilie gejagt werden sollte. Er lernte noch von Caramel und stützte sich nicht auf sein eigenes Urteil. Er jagte Emilie kilometerweit und jagte sie auch noch Monate danach, sobald er sie erblickte. Es wurde

Als sie wieder gesund war, wurde Caramel leicht erregbar.

fast unmöglich, Emilie zu füttern. Sobald sie mich sah, floh sie, da sie glaubte, daß der teuflische Billy in der Nähe sei. Billy und Caramel mußten eingesperrt werden, zusammen mit Monsieur le Gris.

Dann gingen ich oder Sheila oder John mit ihrem Teller mit Futter in den Weinberg und riefen nach Emilie. Manchmal tauchte sie auf, nachdem sie vorsichtig aus einem Zelt aus Weinblättern herausgespäht hatte. Manchmal mußten wir es noch einmal probieren – oder auch viele Male. Wenn möglich, überredete ich Hélène, mit mir zu kommen. Wenn Emilie ihre Mutter sah, war es wahrscheinlicher, daß sie zum Fressen aus ihrem Versteck kam. Eines Tages rannte Caramel wieder hinter Emilie her. Ich war so wütend, daß Caramel endlich begriff, daß sie diesen Sport für immer aufgeben mußte. Sie überbrachte meine Botschaft Billy. Wie durch ein Wunder verstand auch er und erkannte an, daß es ein großer Fehler gewesen war. Und keiner von beiden jagte Emilie noch einmal. Noch erstaunlicher war, daß Emilie ebenfalls wußte, daß die Hunde sie nicht länger jagen würden. Sie fraß ihre Mahlzeiten wieder auf der Terrasse oder sonstwo in der Nähe des Hauses.

In diesem Moment, zu Winteranfang, beschloß Emilie ins Haus zu kommen, zumindest bei kaltem Wetter oder Regen. Sie schlüpfte hinein, sie sprang hinein, wenn sie hoffte, daß keiner sie sehen würde. Sie versteckte sich hinter Stuhlbeinen und unter Tischen. Sie war wie eine Indianerin: leise und geschickt. Ihr Ziel war das Eßzimmer, wo sie dann auf einem der Stühle lag, die unter den Tisch geschoben waren. Dort konnte le Gris sie nicht erreichen. Das schlimmste, was er tun konnte – und was er auch tat –, war, daß er auf dem Tisch über ihrem Stuhl lag.

Doch ich überredete ihn, schüchterte ihn ein und lockte ihn, die Jagd auf Emilie aufzugeben, und bis zu einem gewissen Grad kam er meiner Bitte nach.

Emilie wurde kühner. Sie huschte die Treppe hinauf und versteckte sich unter einem Bett. In strömendem Regen und bei eisigem Wind hatte sie es warm und trocken – wie alle anderen auch.

Alle Katzen lebten im Winter drinnen. Schließlich war die ganze Katzenfamilie in Sicherheit und hatte es bequem. Ich war entzückt. Wenn nicht die Katzen von draußen zum Fressen gekommen wären, hätte ich das Katzenfenster schließen, das Stadttor zumachen und die Zugbrücke heraufziehen können.

34

Im Sommer strömte Wasser durch die Gräben, die um den Garten herumflossen, und Monsieur Mercier nutzte es, um das Gras und die Beete zu gießen. Nach örtlicher Sitte wurde das Wasser an einigen Stellen durch Bretter oder Metallplatten gedämmt, zwischen zwei Betonpfosten durchgeleitet und durch Plastikplanen gesichert. Dann konnte es in großen Plastikröhren kanalisiert werden, wo immer es gebraucht wurde, oder durfte einfach frei in speziell gegrabenen Gräben fließen. Die Sitten, was das Fließen und den Gebrauch von Wasser anging, reichten Jahrhunderte zurück.

Das Wasser wurde von dem großen Kanal hergeleitet, der am Fuße der Alpilles floß – dem Canal des Alpilles. Er konnte von den Kanalbehörden Richtung Norden in ein Netzwerk kleiner Gräben geleitet werden, das Felder und Gärten umgab.

Das Wasser strömte weiter und weiter und konnte kilometerweit Land bewässern. Diejenigen, die am nächsten zum Hauptkanal lebten, hatten zuerst Zugang zum Wasser. Wenn sie abgeleitet hatten, was sie brauchten, ließen sie das Wasser zum nächsten Bauern fließen, der es wiederum eindämmte und auf die Felder leitete und es danach weiterschickte.

Das Wasser, das am Mas des Chats vorbeifloß, strömte zum Mabeille-Hof, wo es Salat und Tomaten bewässerte.

Das Wasser, das am Mas des Chats vorbeifloß, strömte auf das Land der Mabeilles, wo es genutzt wurde, um Salat- und Tomatenpflanzen zu bewässern.

Manchmal, wenn Monsieur Mercier das Wasser nutzen wollte, wurde es lange vorher abgeleitet. Doch eines Sommers wurde der Strom ständig von unbekannter Hand unterbrochen, sinnlos, wie es schien, an einer Ecke des Nachbarfeldes – es war eines von Giselle Mabeilles brachliegenden Feldern.

An dieser Ecke verzweigte sich der Kanal in zwei Richtungen. Indem man eine Metallplatte anhob oder senkte, konnte das Wasser entweder am Feld entlang Richtung Mas des Chats geleitet werden oder in östlicher Richtung oberhalb des Weinbergs auf das Land von Madame Corbet. Wenn die Platte angehoben war, floß das Wasser vor allem auf Madame Corbet zu.

»Haben Sie«, fragte Monsieur Mercier eines Morgens streng, »das Wasser gestaut?«
»Es ist doch nicht wieder abgestellt, oder? Ich habe das Tor gerade vor fünfzehn Minuten geschlossen.« Er ging über das Feld zu der Ecke und entdeckte, daß die Platte wieder einmal auf geheimnisvolle Weise von jemandem angehoben worden war, den man niemals zu Gesicht bekam.
»Wer kann das sein?« Niemand sonst braucht auf dieser Strecke des Grabens Wasser. »Haben Sie eine Ahnung?« Er schüttelte den Kopf. Wasser, so sagte er zu mir, konnte viel Ärger bereiten, schreckliche Streitereien und Kräche verursachen. Die Wasserversorgung war eine Sache auf Leben und Tod.
»Die Menschen haben wegen des Wassers gekämpft und einander sogar umgebracht«, erzählte mir Monsieur Mercier feierlich, und er klopfte auf seinen Spaten, den man als Waffe benutzen konnte.
Auch Leute vom Mabeille-Hof kamen herüber, um zu sehen, was mit ihrer Wasserversorgung los war. Zwei junge Männer, Söhne des nächsten Bauern Mabeille, berieten sich mit mir. Es war unerklärlich, keiner konnte es verstehen, wer konnte es nur sein, wer mischte sich da in unsere Wasserversorgung ein? Sie waren so ratlos wie ich.
Ich ging hinüber, um über die Sache mit Madame Corbet zu diskutieren. Sie kannte alle Bauern der Gegend, und sie kannte die Leute, die in der Nachbarschaft Wasser benutzten.
»Es passiert dauernd«, erzählte ich ihr. »Jedesmal, wenn wir das Wasser in unsere Richtung fließen lassen, leitet es irgend jemand in die andere.«
Madame Corbet konnte sich nicht vorstellen, wer dies tun könnte und warum. Es schien sinnlos. Sie erbot sich freundlich, mit Monsieur Moret zu sprechen, dem Bauern, dessen

Land auf der anderen Seite des Grabens lag, der jedoch das Wasser, das er brauchte, von einer Stelle weiter kanalaufwärts bezog. Er war von der Unterbrechung nicht betroffen.
Madame Corbet teilte mir das Ergebnis ihrer Erkundigungen mit.
»Monsieur Moret sagt, er ist nicht verantwortlich. Er sagt, er hat nichts damit zu tun. Er hat nie den Lauf des Wassers verändert.«
»Ich kann es nicht glauben!« entgegnete ich verzweifelt. »Wer kann es sonst sein?«
Sie zuckte die Achseln. »Er hat keinen Grund, es zu tun«, antwortete sie.
»Vielleicht liegt er in Fehde mit den Mabeilles?« Meine Phantasie, die durch die Enttäuschung angeheizt wurde, gewann die Oberhand über den gesunden Menschenverstand.
»Vielleicht«, meinte sie vage und lächelte – ein höfliches, flüchtiges Lächeln, daß hieß, daß sie soviel wegen der Wasserzufuhr getan hatte, wie sie konnte, und soweit es sie betraf, würde es ein Geheimnis bleiben.
»Könnten es Ihre Nachbarn, die Spanisch-Marokkaner, sein? Um ihre Tomaten zu bewässern?«
»Nein, nein.« Das, so dachte sie, sei höchst unwahrscheinlich. Sie waren viel zu faul, und die Tomatenpflanzen welkten sowieso. Das Wasser wurde weiterhin abgeleitet. Jedesmal, wenn wir es in unsere Richtung schickten, wurde es binnen Minuten in die andere geleitet. Es schien, als ob jemand ein böses Spiel spielte, das rätselhaft war und für das es keine Worte gab.
Dann, eines Tages, ging ich im Weinberg umher, als ich zu meinem Erstaunen und Entsetzen sah, wie sich Wasser langsam vom angrenzenden Feld heranbewegte, über die

Böschung sprang und sich seinen Weg in Rinnsalen und Teichen zwischen den Reben bahnte.

Das Feld war überflutet worden. Keiner von uns hatte bei unseren Gängen bemerkt, daß es weiter unten am Kanal große Breschen und Löcher in der Böschung gab (die durch Vegetation und Grasbüschel verdeckt wurden), die immer mehr ausgehöhlt wurden. Das Wasser strömte in einem Sturzbach aus dem Kanal und in das Feld. Wer auch immer das Wasser in die entgegengesetzte Richtung umgeleitet hatte, hatte versucht, uns zu sagen, was los war. Wir hatten es nur nicht gehört.

Die Kanäle erfordern Aufmerksamkeit. Sie müssen jedes Jahr gesäubert, die Vegetation zurückgeschnitten, der Kanal untersucht und die Gräben ausgehoben werden. Giselle Mabeilles Felder und Bäche waren jahrelang vernachlässigt worden. Andere Mitglieder der Familie Mabeille hätten den Kanal reparieren müssen, denn sie waren die Hauptnutzer des Wassers und hätten die Verantwortung übernehmen sollen. Doch niemals, nicht in einer Million Jahren, würden sie die notwendigen Arbeiten tun – teils aus Faulheit, teils wegen ihres Streits mit Giselle.

Die einzige Lösung bestand in meinen Augen darin, zu handeln – Kontakt mit Madame Arletti aufzunehmen, der *tutrice*, dem offiziell bestellten *gardien* von Giselle, die sich um ihre Angelegenheiten kümmerte. Sie mußte dringend für die Reparatur des Kanals sorgen, bevor die Reben dadurch vernichtet wurden, daß sie unter Wasser standen. Ich rief sie in ihrem Büro in Marseille an. »Madame Arletti«, sagte ich fest, »dies ist ein Notfall.«

Madame Arletti war eine überlastete Sozialarbeiterin, und Giselle war einer von fünfzig Menschen, die sie in Saint-Rémy allein betreuen mußte. Sie wußte von früheren Ereignissen, als Giselles Felder aufgeräumt werden mußten, weil sie ein Brandrisiko darstellten, und flehte mich an, mich um die nötigen Arbeiten zu kümmern.

»Ich werde es versuchen«, sagte ich, »aber Sie müssen sofort anrufen und ihn ermächtigen, die Arbeit zu machen, oder ihm ein Telegramm schicken wie das letzte Mal. Sie wissen doch, er wird ohne Ihre Einwilligung nicht anfangen.« Ich sprach von Monsieur Carnot, einem gefälligen jungen Mann, der riesige Maschinen besaß, die Gräben und Bohrlöcher gruben, Erde bewegten und jede unerwünschte Vegetation abräumten.

»Ja, ja!« Madame Arletti versprach, sich sofort mit ihm in Verbindung zu setzen. Aber könnte ich ihn wissen lassen, was getan werden mußte?

So mußte ich (wie es schon vorher passiert war) mich um die Arbeiten kümmern, die auf Feldern getan werden mußte, die nichts mit mir zu tun hatten – außer daß deren Vernachlässigung und Verfall das Mas des Chats beeinträchtigte.

Als ich Monsieur Carnot sprach, war er sehr verbindlich. Er würde die dringenden Arbeiten sofort erledigen, die Gräben ausheben und die Löcher in der Uferböschung stopfen, so daß die Reben nicht überflutet wurden. Doch die Hauptarbeit, die darin bestand, die Gräben rund um den Besitz von Giselle zu säubern, würde bis nach der Erntezeit warten müssen.

Der Kanal wurde repariert und später in alle Richtungen ordentlich freigemacht; die Vegetation auf den Uferbänken wurde säuberlich entfernt. Schließlich war alles in Ordnung, und die unbekannte Hand, die die Wasserzufuhr unterbrochen hatte, verschwand.

Die wortlose Botschaft war überbracht und empfangen worden.

35

An einem schimmernden Tag im Frühsommer, als Nora mich gerade besuchte, fuhren wir mit Caramel ans Meer. Caramel war noch nie an einem Strand gewesen und wir dachten, es würde ihr gefallen. Wir wählten die nächste Mittelmeerküste aus, in der Camargue – ein breiter Sandstreifen, wild und unbewohnt, nicht weit weg von der Hauptmündung der Rhône ins Meer.

Im Hochsommer ist dies der Lieblingsstrand für Camper und Nacktbadende. Seevögel und Flamingos suchen Nahrung in den flachen Binnenseen, die an der Küste liegen. Es gibt dort sowohl Dünen als auch einen riesigen Streifen Strand, auf dem Autos fahren können, außer bei Regen, wenn der Sand zu weich ist.

Wir fuhren nach Süden über die Alpilles, wandten uns dann nach Westen und dann wieder nach Süden. In der Camargue sahen wir, was jeder Tourist hier zu sehen erwartet: Herden schwarzer Stiere und weißer Pferde. Der Himmel wölbte sich über dem flachen Land, und Raubvögel schwebten hoch in der Luft.

Um zum Strand zu kommen, muß man mit der Fähre über die Rhône setzen – eine zauberhafte Fahrt von zwei, drei Minuten. Die Rhône ist im letzten Abschnitt ihrer Reise breit und stark. Das Wasser glänzt fast silbrig in der Sonne, und eine

Auf der letzten Etappe ihrer langen Reise ist die Rhône breit und stark.

frische Brise kühlt die Haut. An Bord der Fähre könnte man denken, man sei auf einer Kreuzfahrt, einer See- oder Flußreise, in jenen Momenten, bevor alles vorbei ist und das Auto wieder an Land gefahren werden muß.

Caramel gefiel die Flußüberfahrt nicht. Zu gefährlich, dachte sie; sie fühlte sich sicherer im Auto als an Deck der Fähre. Sie war unbeeindruckt vom Anblick der Umgebung und warf kaum einen Blick auf die funkelnden Hügel aus weißem Salz – die Salins de Giraud, an der man vorbeifährt, bevor man das Ufer erreicht. Und ihr mißfiel aufs höchste unser Spaziergang am Meer, obwohl die Wellen nur klein und flach waren. Es gab zuviel Wasser, zu viele Steine, zuviel Sand und zuviel Platz. Mitleiderregend und nachdrücklich gab sie uns zu verstehen, wie sie sich fühlte.

Schließlich waren wir gezwungen, unser Picknick am Rande des Salzsees zu machen, des *étang*, wo wir nach Norden blickten und das Meer und den Strand im Rücken hatten.
Dort war das Wasser flach. Seevögel und rosafarbene Flamingos defilierten vorbei und tauchten ihre Schnäbel in den Schlamm. Caramel erduldete dieses Zwischenspiel eher, als daß sie es genoß, und sie weigerte sich, zu fressen.
Ihr fröhlichster Augenblick kam, als wir wieder ins Auto stiegen, um nach Hause zu fahren. Selbst da machte sie uns klar, daß eine lange, langweilige Autofahrt nicht ihrer Vorstellung von Glück entsprach. Wenn wir das nächstemal etwas tun wollten, um sie zu erfreuen, verlangte sie nur nach einem aufregenden kleinen Spaziergang in den engen Straßen der kleinen alten Stadt.
Nora und ich dagegen genossen die frische Seeluft, den starken Sonnenschein, das Wegfliegen und Landen von rosafarbenen Flamingogruppen, die Schreie der Möwen und unser kleines Picknick am Rande des *étang*.

36

 Baby war weiterhin süchtig nach Schmusen. Sie schmiegte sich in einen Stuhl oder auf ein Sofa im Wohnzimmer, schrie zweimal scharf und kätzchenhaft und verlangte so nach Zärtlichkeit.
»Warum hast du so lange gebraucht, Baby, aus der Kälte hereinzukommen?«
Der kühle, direkte Blick ihrer großen, glänzenden Augen schien zu sagen: »Warum hast du so lange gebraucht, mich hereinzuholen?« Sie sah mir ins Gesicht, in die Augen, und schnurrte laut. Ihr Blick blieb starr. Solange ich ihren kleinen Körper kitzelte und massierte, sah sie mich an und schnurrte: »Ahruum, ahruum ...« von schrill bis zum tiefen Baß, das Schnurren eines Tigers.
In anderer Hinsicht hatte sie sich verändert. Sie wurde sehr aktiv, schoß spielerisch vorwärts und sprang herum. Sie jagte einem Ball hinterher, und das hatte ich bei ihr noch nie gesehen. Sie spielte mit einer Brotkruste. Sie blinzelte und sah mich herausfordernd an.
Sie sprang wieder auf den Stuhl oder das Sofa, rollte sich auf den Rücken und forderte mich zu weiteren Schmusereien auf. Während ich ihr Fell streichelte, streckte sie ihre vier Pfoten aus und lehnte sich gegen meinen Arm. Sie war wie ein wunderbares Spielzeug, weich, seidig und rund, der Inbegriff tieri-

scher Unschuld. Zwischendurch war sie dann wieder wie früher, schreckte vor mir zurück, wich meiner Berührung aus und lief fort, wenn man sich ihr näherte.

Die Zärtlichkeiten waren ein Ritual, das nach einer strengen Regel ausgeführt werden mußte – nur auf ihr Bitte hin, im Wohnzimmer, an einem Platz ihrer Wahl. Wenn sie sich dafür entschied, in der Küche zurückhaltend zu sein, tat sie so, als hätten wir uns noch nie gesehen.

In der Zwischenzeit hatte Katy wieder eine kleine Nervenkrise. Wie immer schien der Grund Monsieur le Gris zu sein, der sie tyrannisierte und jeden Platz eroberte, auf dem sie schlafen wollte.

Wie immer bestand die Lösung darin, sie nachts allein in ein Zimmer zu sperren und die Tür geschlossen zu halten. Monsieur le Gris mochte sich zwar drohend vor die Tür stellen oder den Raum tagsüber besetzen (er tat beides), doch er konnte sie nachts nicht erreichen. Um doppelt sicher zu sein, schlief Katy unter dem Bett, so daß, selbst wenn es le Gris schaffte, einzubrechen, er sie nicht angreifen könnte.

Sobald sie sich in ihrem Zimmer niedergelassen hatte – was ihr sehr gefiel –, konnte sie wie immer sein: Schnell und leicht rannte, hüpfte und sprang sie umher, fröhlich und munter. Sie selbst wählte die Zeit, in der sie eingesperrt werden wollte. Sie kam dann in die Küche und sprang auf die gekachelte Platte, wo ich den Katzen und Hunden ihr Futter zubereitete. Ich bot ihr ihr Abendessen an, was sie verweigerte, um wieder wegzulaufen. Kurz darauf sprang sie wieder neben mir hoch, und dann wußte ich, daß sie mich bat, sie in ihr Zimmer zu tragen und die Tür zu schließen.

Katy hatte wieder eine kleine Nervenkrise.

Manchmal lief sie allein nach oben und kam dann wieder herunter, um mich wissen zu lassen, daß sie in ihr Zimmer gegangen sei und ob ich bitte nachkommen und die Tür absperren wolle? Später brachte ich ihr das Abendessen. Dann ließ sie mich gern auf dem Bett sitzen, so daß sie auf meine Knie springen konnte.

Es folgte eine zärtliche kleine Szene. Katy gab mir zu verstehen, wie sehr sie mich mochte, und ich machte dasselbe bei ihr. Nach ein paar Minuten war sie zufrieden, sprang hinunter und untersuchte ihren Futternapf. Wenn sie bereit zum Schlafen war, zog sie sich unters Bett zurück. Und dort fand ich sie dann auch, wenn ich am nächsten Morgen die Tür zu ihrem Zimmer öffnete.

37

Man hatte Nero wohl *croquettes* gefüttert, als er bei seinen beiden Besitzern unten auf dem Bauernhof gelebt hatte. Wenn er in Hörweite war, konnte das Geräusch von Katzenkeksen in der Schachtel ihn durch das Katzenfenster hineinstürzen lassen. Aus der Art, wie er sich benahm, schloß ich, daß die Schachtel zur Fressenszeit geschüttelt worden war, eine Art Gong, der Nero zu seinem Frühstück oder Abendessen rief.

Wenn es ihm sehr gut ging, fraß er gierig *croquettes* und zerknackte sie mit großem Vergnügen und in Riesenmengen. Als es ihm weniger gut ging und er krank wurde, mochte er keine *croquettes* mehr – doch er reagierte immer noch darauf, wenn man die Schachtel schüttelte. Er sprang dann durchs Katzenfenster und tat so, als sei er an Keksen interessiert, schob sie ein wenig im Napf herum, knabberte an einem oder zweien, und dann wurden seine Augen glasig vor Langeweile und Apathie, denn im allgemeinen war er apathisch, faul und ruhig. Es kam mir vor, als baue er allmählich ab, obwohl sein äußeres Erscheinungsbild nicht sehr verändert war.

Er blieb in der Nähe des Hauses – anders als der normale Nero, doch ein Trost für mich, denn in seinem geschwächten Zustand konnte ich ein Auge auf ihn haben.

Er fraß, doch weniger als vorher, und er wollte nicht mehr das

Getränk, das er so sehr genoß: konzentrierte Milch, verdünnt mit etwas warmem Wasser. Er lag auf der Mauer neben den Gästezimmern, die zur Terrasse gingen, im Schatten eines Geranientopfes. Er sah müde aus, obwohl er noch kräftig genug war, um mit einem Satz auf die Mauer zu springen, und er war zutraulicher denn je. Je schwächer er wurde, desto sanfter und liebevoller wurde er mir gegenüber. Abends oder spät nachts kam er zu mir in mein Zimmer. Dann rieb er seinen schönen Kopf an meiner Hand und gab mir zu verstehen, wie sehr er mich mochte. Er war völlig ruhig.

Doch ich wurde ängstlich und furchtsam, denn ich kannte meine Katzen sehr gut. Ich sah, wie sich in Nero der Geist zurückzog, und ich glaubte, daß er instinktiv seinen Tod nahen spürte.

Eines Tages, als ich ihn beobachtete, lief er eilig von einem Schlafplatz zum anderen, erforschte Körbe, Kisten und Schränke ... Ich dachte, fast ohne zu bemerken, was ich dachte: Er sucht nach einem Platz zum Sterben. Doch es gab nichts, das mir zeigte, daß sein Tod nahe war, keine Verschlechterung der Symptome, kein Anzeichen, daß er Schmerzen hatte.

Und dann, plötzlich eines Tages, war es klar, daß er Schmerzen hatte und sehr krank war. Beim Tierarzt maß man Fieber. Er hatte hohes Fieber, seine Nieren taten ihm weh, als man sie abtastete, und ein Test zeigte, daß sie kaum noch funktionierten. Man vermutete, daß seine Blaseninfektion, die er so lange gehabt hatte, eine Infektion der Nieren bewirkt hatte.

Er mußte jede Stunde ein Serum und ein starkes Antibiotikum gespritzt bekommen. Er war bekümmert und hatte Schmerzen – aber ich glaubte, keine besonders starken. Er wirkte eher betäubt und auch apathisch. Wenn ich ihn streichelte, reagierte er und schnurrte. Die Behandlung schlug an.

Er sah besser aus, ließ Wasser und schien sich wohl zu fühlen. Ich schloß ihn in meinem Schlafzimmer ein, wo er einschlief. Und in dieser Nacht schlief er neben mir in meinem Bett.
Ich ließ ihn im Schlafzimmer.
Am nächsten Tag mußte ich eine Weile weggehen und ließ ihn allein bei geschlossener Tür. Doch der Tag war warm, und ich machte eines der Fenster weit auf.
Als ich zurückkam, war er fort. Er hatte das Mückennetz auf eine Seite des offenen Fensters gezogen und war dann zwei Stockwerke an einer Wand hinabgeklettert, genauso wie Emilie.
Mein Herz setzte aus. Eine schreckliche Furcht befiel mich, als ich mir vorstellte, wie Nero über den Hügel rannte, um elend unter einem Busch zu sterben, wie es die andere schwarze Katze getan hatte. Ich würde ihn nie finden können, nie wissen, was mit ihm passiert war.
Ich rannte die Treppe hinunter – ich flog ...
Ich raste auf die Terrasse – und Nero kam um die Hausecke gebogen und sah ruhig und unverletzt aus. Ich ging schnell zu ihm, hob ihn hoch und trug ihn zurück ins Schlafzimmer. Er leistete keinen Widerstand und beklagte sich nicht, sein Körper war weich.
Solange ich bei ihm blieb, hatte er nichts dagegen, eingeschlossen zu sein. Er war anhänglich geworden, abhängig von mir, wollte mich immer neben sich haben. Also blieb ich bei Nero. Ich verließ ihn in den nächsten Tagen kaum noch, bis er starb.
Zuerst schlug die Behandlung an, und seine Nieren funktionierten wieder. Der Tierarzt kam, um Blut zu entnehmen, das wunderbarerweise eine normale Nierenfunktion anzeigte. Doch am nächsten Tag war er wieder krank und hatte Schmerzen.

Ich sah, wie sich Nero zurückzog, und ich glaubte, daß er instinktiv spürte, daß er bald sterben würde.

Ich hätte vielleicht den Tierarzt rufen sollen, der am Vortag bei ihm gewesen war, doch der arme Nero war so viel erforscht und behandelt worden, daß ich dachte, ich könnte vierundzwanzig Stunden warten und sehen, wie es ihm am Morgen ging. Ich sprach mit ihm. Ich streichelte sein dunkles Fell. Er lag auf dem Bett neben mir. Er schlief zeitweise. Wenn er erwachte, schien er Schmerzen zu haben. Dann schlief er wieder ein. Ich dachte: Wenn Nero nur friedlich im Schlaf sterben könnte (wenn er überhaupt sterben muß).
In dieser Nacht starb er.
Aber nicht friedlich. Er erwachte mit einem schrecklichen Schrei – einem Entsetzensschrei, der nicht aufhören wollte – und seine Glieder zuckten ... bis er tot war.
Sein Gesicht war verzerrt, seine Augen offen. Wie sehr wünschte ich, ich hätte ihm diesen Tod ersparen können. Entsetzt und schockiert saß ich neben seinem Körper. Es würde bald dämmern.
Auf einem der Höfe unter den Hügeln krähte ein Hahn, ein bewegender Schrei in der stillen, trostlosen Dunkelheit. Dann noch einer – und noch einer –, bis die Luft vom Krähen der Hähne widerhallte.
Und dann dämmerte es.

Nach Neros Tod war Monsieur le Gris sehr schlechter Laune, unglücklich, wütend, brummig und nervös. Obwohl er und Nero Rivalen gewesen waren und sich immer ein wenig gestritten hatten, waren sie auch Gefährten und Kollegen gewesen. Er schien zu spüren, daß Nero gestorben war, und war höchst aufgeregt.
Eigentlich hätte er jubeln müssen, weil er nun die älteste

Nach Neros Tod war Monsieur le Gris schlecht gelaunt.

Katze war, zum erstenmal in seinem Leben die Oberkatze. Doch le Gris war ein unsicherer Kater. Anders als Nero besaß er nicht die Fähigkeit zur Ausübung von Autorität, obwohl er die jüngeren Katzen tyrannisierte. Er wußte nicht, wie er mit den Jüngeren umgehen sollte, seine Stimmungen schwankten ständig, und emotional war auf ihn kein Verlaß.

Seine Verstörung dauerte wochenlang. Während dieser Zeit war er besonders unfreundlich zu Katy, Sugar, Hélène und Ödipus. Er war auch ungeduldig Baby gegenüber, die vor ihm zurückwich, wenn er anfing, sie anzuknurren.

Nach einer Weile besserte sich seine Laune, doch er schien niemals zu begreifen, daß sein Traum wahr geworden war. Er war endlich in der Position des Premierministers im Mas des Chats.

38

Eine Zeitlang nach Neros Tod hoffte ich, immer wenn ich in den Weinberg ging, irgendwie und gegen alle Vernunft, den lieben dunklen Umriß meiner schwarzen Katze im Schatten der Weinblätter liegen zu sehen, wie Nero es immer getan hatte, hoffte zu spüren, wie sich sein weicher Körper an meine Beine schmiegte, wenn er plötzlich aus dem Nichts auftauchte. Und wenn ich mich dann der Wirklichkeit gegenübersah, daß ich Nero nie wiedersehen würde, überwältigte mich der Schmerz über diesen Verlust.

Um meine Traurigkeit noch größer zu machen, verschwand dann auch noch Curly Thomas.

Es war zu Beginn des Frühlings, als die Paarungszeit begonnen hatte. Ödipus ging weg und kehrte nur zu eilig eingenommenen Mahlzeiten zurück, bevor er wieder davoneilte. Curly Thomas fing an, ähnliche Ausflüge zu machen, wobei er wieder und wieder seinen seltsamen, melancholischen Schrei von sich gab. Er kam immer zurück, manchmal nach nur kurzer Abwesenheit, um zu fressen und auszuruhen. Das Wetter war kalt, manchmal eisig. Curly Thomas eilte hinauf zu dem kleinen Korb, der neben einem Heizkörper oben an der Treppe stand. Nachdem er ausgiebig gefressen hatte, ruhte er sich dort von seinem anstrengenden Ausflug aus. Eines

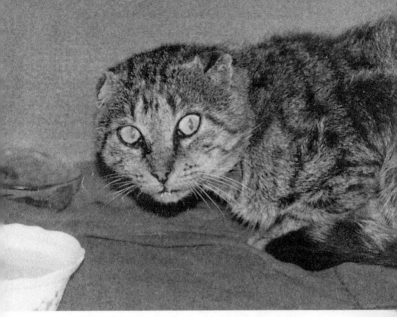

Noch trauriger machte mich, daß Curly Thomas verschwand.

Tages lief er fort und kam mit einer schrecklichen Kopfwunde zurück, offensichtlich hatte er wieder gekämpft. Ich verband die Wunde und gab ihm wieder einmal Antibiotika.

Die Wunde war kaum verheilt, als er wieder weg war – und er kam mit einer neuen Wunde zurück, die weniger schlimm, doch trotzdem ziemlich tief war. Dann lief er noch einmal weg – und von diesem Ausflug kehrte er nicht mehr zurück.

Tage vergingen. Eines Tages wehte ein starker Wind, Regen stürzte vom Himmel und bedeckte das Land.

Ich konnte den Gedanken nicht ertragen, daß Curly vielleicht verletzt und bewegungsunfähig in diesem heftigen Regen lag. Doch ich konnte nichts tun, es gab keine Möglichkeit, ihn zu finden. Zwei Wochen, drei, vier gingen vorbei, und ich sah Curly Thomas nie wieder.

Ich glaube, es gab noch einen weiteren Todesfall – der kleine kummervolle schwarz-weiße Außenseiter, der mehrere Jahre lang regelmäßig zum Fressen ins Mas des Chats gekommen war. Auch er wurde nicht mehr am Katzenfenster gesehen, auch er wurde vermißt.
Ich trauerte um all meine Katzen, und der Frühling, der nun drängend in der Luft und der Erde der Provence lag, begann traurig.

39

Frühling in der Provence bedeutete die Paarung der Katzen, Vogelgesang, das Rufen, Quaken und Singen der Frösche, die aus dem Winterschlaf erwachten, Regen, der sich mit Sonnenschein abwechselte, blühende Mandelbäume, denen die Blüten der Aprikosen-, Pfirsich- und Kirschbäume in den großen Obstgärten folgten.

Frühling bedeutete Veilchen und Primeln, frühe Tulpen, Schwalben und Nachtigallen, die aus Afrika herüberschwebten und nach Norden langsam über das Land trieben, rote Eichhörnchen, die aus ihrem Winterquartier kamen, und der ungewöhnliche Ahornbaum am Rande des Flüßchens, der eine ungeheure Menge an gold- und lilafarbenen, mit Quasten geschmückten Blüten hervorbrachte.

Und Frühling bedeutete strahlendes Licht und wunderbare Sonnenuntergänge und den plötzlichen Sommerbeginn.

Sommerabend in der Stadt – leise Stimmen durch offene Fenster und Musikfetzen, Schritte, die auf dem Pflaster widerhallen. Das Licht der Straßenlaternen, gedämpft und bernsteinfarben, färbt die Blätter der hohen Platanen golden und

Frühling bedeutete strahlendes Licht, phantastische Sonnenuntergänge und die plötzliche Ankunft des Sommers.

fällt auf Blumen in Fensterkästen und Töpfen, die auf Fenstersimsen und vor Haustüren stehen – Petunien, Rosen, Geranien, Stiefmütterchen –, fällt auch auf die kleinen Plätze, geheimnisvollen Höfe, Gassen und alten Steine.

Eine alte, süß klingende, zögernde Uhr gibt mit ihrem Geläut die Stunde an, nur eine oder zwei Minuten zu spät und gefolgt von einer anderen. Der neue Kirchturm, aus Stein erbaut, herrlich anzusehen und von Flutlicht angestrahlt, überragt die Dächer.

Das Licht der Straßenlaternen fällt auch auf die Katzen der Stadt, die sich hier und dort versammelt haben; sie sitzen auf Kühlerhauben von parkenden Autos, liegen auf kleinen Mauern, auf Stufen und Fensterbänken, spazieren im Garten des

Museums umher, bewegen sich leise und gleiten aus dem Licht der Laternen in den Schatten.

Man kümmert sich um sie, um die Katzen von Saint-Rémy, sowohl um die Hauskatzen als auch um die streunenden. Die Leute stellen für sie Futter hinaus, und die meisten sehen gesund und wohlgenährt aus.

Die Hunde und ich bewegen uns ruhig zwischen ihnen. Sie haben keine Angst – und haben auch keinen Grund dazu, da Caramel und Billy sie nicht beachten. Ich sehe sie alle an, dort zwei unbekannte schwarze Kätzchen und da ein wunderbarer Siamkater, der ein Halsband und ein Glöckchen trägt.

Wir wandern durch die engen Straßen. Wasser spritzt in den Brunnen, ein kühles Geräusch an einem warmen Abend.

40

Im Sommer blühte die Wasserlilie in dem kleinen Teich, den anzulegen ich Ali, den Lebensgefährten von Marcelle, der *femme de ménage*, gebeten hatte. Der Teich hatte die Form eines Orangenschnitzes – die gerade Seite verlief entlang der Zypressenhecke und die Kurve verlief im Gras um den Swimmingpool. Die gerade Seite war nicht ganz gerade. Sie hätte parallel zu der Reihe Zypressen sein sollten, bildete jedoch einen leichten Winkel dazu. Als ich Ali während der Entstehung des Teichs darauf aufmerksam machte, gab er mir nicht recht. Ich hätte unrecht, die Linie sei gerade.

Marcelle wurde als Schiedsrichterin gerufen. Sie drehte ihren Kopf hin und her und sah mich dann ausdruckslos an. »Aber sie ist doch völlig gerade, Madame.«

Sie nannte mich immer »Madame«, wenn Uneinigkeit in der Luft lag. Es war klar, daß sie zu Ali helfen würde, egal, ob er recht oder unrecht hatte. Etwas später, lange nachdem der Teich angelegt war, als wir zusammen die Wasserlilie anschauten, rückte sie damit heraus, daß die Linie nicht gerade sei. Außerdem hatte Ali das Anlegen des Halbkreises nicht hinbekommen. Die Linie war gezackt, und deshalb hatte der Teich eine unklare Form. Selbst die dichte Santolina, die um den Teich herum angepflanzt worden war, konnte das nicht

Die Wasserlilie gedieh, genauso wie Binsen und Iris.

verbergen. Doch den Fröschen gefiel der Teich, sie legten ihren Laich ab und quakten im Frühling und im Sommer. Und die Wasserlilie gedieh.

Das gleiche taten die Binsen und Iris, die in Töpfen mit Erde auf dem gefliesten Grund des Teiches standen. Die Fliesen konnte man nicht sehen. Ali, der vielleicht das klare Wasser eines Moscheebrunnens vor Augen gehabt hatte, hatte noch einen Fehler gemacht. Das Teichwasser wurde schnell trübe, und Schlamm bedeckte die Fliesen. Doch die Lilie gedieh. Während der Sommermonate brachte die Lilie eine Blüte nach der anderen hervor, hinreißende rosafarbene und weiße Becher, die atemlos auf der stillen Wasseroberfläche trieben. Leicht lagen sie da und spiegelten sich – Lotus, das heilige Symbol des Ostens.

Nachdem die Frösche ihren Laich im Teich abgelegt hatten, schlüpften die Kaulquappen aus, die zart an den Algen und Insekten an der Wasseroberfläche knabberten.

Die Kaulquappen verwandelten sich langsam in winzige Frösche. Manchmal hüpften diese winzigen Wesen über das Gras oder sprangen in den grünen Swimmingpool. Sie schwammen im Pool herum, ohne entfliehen zu können. Ich legte Steine auf die oberste Stufe der Treppe, die ins Wasser führte. Wenn sie die Steine fanden, konnten sie hinaushüpfen.

Ab und zu sah ich einen oder zwei hilflos auf der Wasseroberfläche dahintreiben mit geblähtem Schlund und tot. Vorsichtig nahm ich ihre zarten Körper aus dem Wasser und legte sie traurig neben den Teich.

41

 Der Tod der Katzen – und der Frösche – erinnerte mich wieder einmal an Rosie und ihre Bemühungen, meine Versuche zu sabotieren, traurige, kranke und verirrte Wesen zu retten.
Sie war vehement dagegen, daß ich invalide oder was sie als Katzen zweiter Klasse bezeichnete aufnahm, wie Maman und Baby, und sie hätte weiterhin behauptet, daß ich nichts Gutes für die Gruppe im Mas des Chats täte, wenn ich ungeeignete Mitglieder mit einbezöge. Doch ich war nun mal so, daß ich mich getrieben fühlte, alle leidenden Tiere zu retten und gesundzupflegen, aber es war mir klar, daß die Natur wie immer weitergehen würde und nur die Stärksten und Schlauesten einer Spezies überleben ließ. Die Alten, Schwachen und Unvorsichtigen gingen unter, und junges und starkes Leben übernahm ihren Platz.
Zerstörerische Kräfte zerrten an meinen Katzen, die weiterhin am Rande des Abgrunds tanzten und herumsprangen. Einige verschwanden, andere kamen und nahmen ihren Platz ein.
Und als ob sie den unausweichlichen Rhythmus der Natur bestätigen wollten, tauchten aus heiterem Himmel nach dem Tod von Marie, Nero und Curly Thomas plötzlich mehrere Kätzchen auf.

Es klopfte heftig und drängend an der Küchentür. Während ich hinging, um zu öffnen, wiederholte sich das Klopfen, das diesmal besorgt klang.

Zwei junge Amerikaner standen auf der Schwelle – ein fröhliches Paar mit frischen und offenen Neue-Welt-Gesichtern. Das Mädchen hielt zu meiner Bestürzung ein winziges Kätzchen in der Hand, ein kleines Bündel aus bräunlich-schwarzem Fell, das leise, aber entschlossen miaute.

Auch der junge Mann hatte etwas in der Hand – einen Milchkarton, einen Pappbecher und eine kleine, halbvolle Dose mit Katzenfutter. Und eine Holzkiste, in der Obst transportiert worden war. Das Kätzchen war samt seinem Futter und seinem Bett zu mir gebracht worden, wahrscheinlich in der Hoffnung, damit seine Chancen zu erhöhen, adoptiert zu werden.

Sie hatten das Kätzchen auf der Straße vor dem Schloß von Tarascon gefunden. Sie waren Reiseleiter, die eine Touristengruppe zu einigen Sehenswürdigkeiten der Provence führten. Das Kätzchen hatte auf der Straße gesessen, als sie das Schloß betraten. Es saß immer noch auf demselben Fleck, als sie ungefähr eine Stunde später wieder herauskamen. Sie hatten nach der Mutter gesucht und sie nicht gefunden.

Die Straße um das Schloß von Tarascon ist öde und leer und erstreckt sich bis zu der Mauer, die die Rhône entlangführt. Das Kätzchen mußte aus der quirligen und geschäftigen Innenstadt über die Straße geirrt sein.

Nach vielem Nachdenken und Reden beschlossen sie, daß sie versuchen müßten, das Kätzchen zu retten. Sie hoben das weiche kleine Wesen auf, das keinen Widerstand leistete, und wollten es in ein nahegelegenes Gebiet fahren, wo es Bauernhöfe und Häuser mit Scheunen und Schuppen gab. Sie hofften, einen Bauern zu finden, der schon ein paar Katzen hatte und vielleicht auch dieses Kätzchen aufnehmen würde.

Sie hatten das Kätzchen auf der Straße vor dem Schloß von Tarascon gefunden, am Ufer der Rhône.

So kamen sie zu der Kreuzung, an der eine Straße hinauf nach Les Baux führt und eine andere nach Saint-Rémy-de-Provence. Dort trafen sie auf einen jungen Mann im Rollstuhl, der im Schatten eines offenen Schuppens saß und in der Nachmittagssonne döste. Sie erklärten, was sie vorhatten, und er begriff. »Da gibt es eine Engländerin, die in der Nähe wohnt. Sie hat Katzen. Versuchen Sie es bei ihr.«
Und er beschrieb, wie sie mich finden konnten.
Ich hörte der Geschichte zu und fragte mich, wie viele Kätzchen wohl noch ihren Weg ins Mas des Chats auf den Rat von Nachbarn hin finden würden?
Ich wollte das Kätzchen schon abweisen, als ich an Cleo dachte. Sie war Engländerin und lebte in der Nähe in einem

schönen Mas mit einem großen umzäunten Garten. Als ich sie das letztemal gesehen hatte, hatte sie sich darüber beklagt, daß die streunenden Katzen, die sie fütterte, alle verschwunden waren. Sie mochte Katzen und hatte auf ihrem Hof in England immer mehrere gehabt. Vielleicht nahm sie das Kätzchen auf.

Ich ging zum Telefon, aber Cleo war nicht zu Hause.

Ich besprach alles mit den jungen Amerikanern, High-School-Absolventen, die gerade ein Jahr freinahmen, bevor sie aufs College gingen. Sie arbeiteten für eine Reisebüro, das in Burgund beheimatet war, und führten Touristen durch Frankreich.

In vierzehn Tagen würden sie wieder bei mir vorbeikommen. Sie versprachen, wiederzukommen, und in der Zwischenzeit würde ich versuchen, ein Heim für das Kätzchen zu finden. Sie sahen ein, daß ich schon zu viele Katzen hatte. Wenn ich niemanden finden könnte, der es adoptierte, würden sie es mit nach Burgund nehmen, wo man sich darum kümmern würde.

Sie fuhren wieder fort, ein energisches, liebenswertes Paar. Ich vertraute ihnen.

»Sie kommen zurück«, sagte ich später zu Cleo. »Wenn es dir nicht gefällt, werden sie es wieder mitnehmen.«

»Sehr wahrscheinlich!« höhnte Cleo. »Sie waren nur zu froh, es loszuwerden. Du wirst sie nie wiedersehen.«

»Sie hätten es in Tarascon nicht retten müssen«, erwiderte ich. »Man kann zwar nie sicher sein, doch ich fand sie zuverlässig und gewissenhaft.«

Cleo hing sehr schnell an dem Kätzchen. Sie brauchte tatsächlich zu dem Zeitpunkt ein Wesen, um das sie sich kümmern konnte, und das Kätzchen war die vollkommene Lösung. Als die jungen Amerikaner zwei Wochen später auf-

tauchten, hatte das Kätzchen ein wunderbares Zuhause gefunden. Sie besuchten Cleo, um ihr zu danken.
Und so wurde aus einem verlorenen, streunenden, staubigen Kätzchen aus Tarascon – einer ziemlich heruntergekommenen, armen Stadt im Midi – eine verwöhnte Katzenprinzessin in Cleo Thomsons elegantem Mas.
Cleo nahm noch ein zweites Kätzchen auf, das ein paar Wochen später im Mas des Chats auftauchte.
Auf die Terrasse vor dem Katzenfenster kam ein schöner, ingwerfarbener junger Kater, der ungefähr ebenso alt war wie das Weibchen aus Tarascon. Er kündigte sich schrill an und klagte über Hunger. Ich schlug Cleo vor, herüberzukommen und ihn sich anzusehen.
Und so wurden zwei kleine heimatlose Kätzchen adoptiert.
Doch Cleo weigerte sich, das dritte aufzunehmen.
Ein paar Wochen später hörten Sheila und John, das Paar, das damals in dem kleinen Haus wohnte, erbärmliche Schreie aus dem nahegelegenen Weinberg, die Schreie eines kleinen, hungrigen Kätzchens. Die dritte junge Katze war da. Das Kätzchen war schwarz mit einem hellen Schimmer unter den dunklen Haaren, was dem Fell einen silbernen Glanz verlieh. Etwas in der Beschaffenheit und Farbe seines Fells erinnerte mich an Marie. War es vielleicht eines von den Kätzchen, die sie bekommen hatte, kurz bevor sie ins Mar des Chats gekommen war?
Es stellte sich heraus, daß es zu alt war, um ihr Nachkomme gewesen zu sein – doch auf jeden Fall bat ich einen Tierarzt, es zu untersuchen und es auf Leukose zu testen. *Docteur* Arbois erklärte es für gesund. Der Test war negativ – doch das hieß wenig, da das Kätzchen immer noch den Virus in sich tragen konnte.
Als es alt genug war, wurde es gegen diese Krankheit geimpft

– und auch gegen Enteritis und die tödliche Katzengrippe –
doch wenn es bereits den Leukosevirus in sich trug, konnte es
auch später diese Krankheit bekommen. Das Kätzchen war,
wie sich herausstellte, männlich, aber ganz zu Anfang, als es
im Mas des Chats war, dachten wir, es sei ein Weibchen, und
Sheila nannte es Fifi. Später wurde der Name in Fred geändert, und schließlich wurde er wegen seines silberfarbenen
Fells Fred Silver genannt.

Widerstrebend beschloß ich, das Kätzchen zu behalten. Sheila
und John stimmten freundlicherweise zu, sich während der
zwei Monate, die sie in dem kleinen Haus wohnten, um ihn
zu kümmern. John mochte ihn besonders gern. Fred Silver
begann sein Leben im Mas des Chats als ein geliebtes und verwöhntes kleines Wesen, für das zwei Menschen alles taten, um
ihn glücklich zu machen. Ich fürchtete, daß er sich nicht so
leicht an das rauhere und chaotischere Leben mit den anderen Katzen anpassen könne, wenn Sheila und John nach England zurückkehrten und er im Haupthaus leben müßte.

Doch Fred Silver stellte sich als ein Kater mit unbezähmbarem
Mut, ungeheurer Energie und einer nie versiegenden *joie de
vivre* heraus. Mit riesiger Begeisterung stürzte er sich in die
Aufgabe, die seßhaften Katzen im Haus zu ärgern. Sie waren
alle entsetzt – das heißt, alle außer Monsieur le Gris.

Le Gris, ein komplexer Charakter, entwickelte plötzlich eine
Zärtlichkeit und Mütterlichkeit, wie ich sie zuvor nur in seinen Beziehungen zu Baby und Grisette gesehen hatte. Er benahm sich Fred Silver gegenüber bewundernswert, der sich
gegen le Gris' beruhigende Masse warf wie eine Welle gegen
die Klippen an der Küste von Dorset.

Monsieur le Gris leckte das Kätzchen ab und knabberte an seinem Fell, spielte mit ihm, warnte ihn, wenn er zuweit ging,
und gab ihm ein paar muntere Lektionen in Karate. Das Kätz-

Fred Silver stellte sich als ein Kater mit unbezähmbarem Mut, ungeheurer Energie und einer nie versiegenden joie de vivre *heraus.*

chen sprang auf Monsieur le Gris und über Monsieur le Gris, griff ihn an, schlug Purzelbäume über ihm und überließ sich selig Monsieur le Gris' Zärtlichkeiten. Nun, da Nero fort war, hatten wir also ein junges, fröhliches Wesen, das die älteren Katzen aufrüttelte, sich an ihre eigene Jugend zu erinnern. Fred Silver, der nie zu schnurren aufhörte, brachte Wellen der Erregung ins Mas des Chats.

42

Nachdem Sheila und John nach England zurückgefahren waren, wurde Fred Silver für ein paar Wochen im Haupthaus gehalten. Sie hatten ihm nicht erlaubt, in den Garten zu gehen, außer sie waren bei ihm, und selbst dann trugen sie ihn die meiste Zeit. Er saß auf Johns Armbeuge oder steckte in seinem Mantel, ein kleines wachsames und eifriges Katzenbündel.
Ich sollte die nervenzerfetzende Aufgabe haben, ihn in die Außenwelt einzuführen. Wenn man ihm Freiheit gäbe, würde er vielleicht auf die Felder oder über die Hügel rennen und für immer verloren sein.
Im Haus rannte er herum wie ein Besessener, ein kleiner schwarzer Katzendämon, der vor gewaltiger Energie überströmte und schier platzte. Er jagte Bällen und Brotstücken hinterher. Er sprang in die Töpfe der Pflanzen im Haus und verschüttete Erde. Er klammerte sich an sie, kaute an den Blättern und kletterte an ihnen hoch, wenn er konnte.
Dann machte er es sich zur Aufgabe, jede Katze aufzustören und zu erschrecken, in der Hoffnung, wenigstens eine zu finden, die mit ihm spielte. Keine wollte. Abgesehen von Monsieur le Gris, zogen sich alle zurück wie Baby oder schrien ihn an wie Hélène oder fluchten und fauchten wie Lily. Ständig schloß ich das Katzenfenster und öffnete es später wieder,

während ich ihn in verschiedenen Zimmern einschloß oder ihn ungehindert herumwüten ließ. Je früher ich ihn auf die Außenwelt loslassen konnte, desto besser für alle.

Sheila hatte ihm eine kleine Zwangsjacke gemacht, ein hübscher Stoff zum Herumwickeln mit zwei Löchern für seiner Vorderbeine und einer Befestigung hinten an seinem Hals. Zwei Ringe befanden sich am Verschluß, an denen man eine Leine oder eine Kordel befestigen konnte. Sie hofften, daß, wenn er diese Jacke trüge, Fred Silver während seiner ersten Besuche draußen geführt werden und die Grenzen des Garten erfahren könnte.

Die Jacke war leider kein Erfolg. Fred Silver fühlte sich nicht wohl, wenn er sie trug. Er kroch umher, wobei sein Bauch fast den Boden berührte – oder setzte sich einfach hin und weigerte sich, zu gehen. Es blieb nichts anderes übrig, als ihn loszulassen; ich hielt den Atem an und kreuzte die Finger, als er in den Garten stürzte und in Richtung Weinberg davonschoß. Er kam zurück und begann auf Bäume zu klettern. Er endete oben im Ahornbaum, einem hohen Baum mit vielen Metern eines glatten, dicken Stammes ohne Halt. Für Fred Silver mußte der Abstieg wie die Eigernordwand in den Alpen ausgesehen haben, die er hinunter sollte – ohne Seil und Steigeisen. Er rief mich um Hilfe, kleine, erbärmliche Schreie, um mich wissen zu lassen, daß er Probleme hatte. Ich konnte nichts tun, um ihm zu helfen, außer eine hohe Leiter aus der Garage zu holen. Der Ahorn stand am schmalen Ufer des Flüßchens neben der kleinen Brücke. Es würde schwierig sein, die Leiter in Position zu bringen, und leicht, in den Fluß zu fallen. Ich beschloß, ihn erst mal versuchen zu lassen, allein herunterzuklettern.

Ich ging weg, um Futter vorzubereiten, das sich an den Fuß des Baumes stellen wollte, um ihn dazu zu ermutigen, herunter-

Er machte es sich zur Aufgabe, jede Katze in der Umgebung zu erschrecken und zu stören. Lily amüsierte sein herausforderndes Herumstolzieren nicht.

zukommen. Gerade als es fertig war, hopste Fred Silver zum Katzenfenster herein. Ich beglückwünschte ihn und konnte sehen, daß er stolz auf sich war.

Diese Erfahrung dämpfte seine Begeisterung, auf Bäume zu klettern. Er stieg nicht mehr den Ahorn hinauf, sondern war zufrieden damit, in den alten Olivenbäumen auf der Terrasse herumzuklettern.

Die anderen Katzen beobachteten seine Possen distanziert. Die einzige, die verständnisvoll war, war Katy. Ihre Haltung schien zu sagen: »Auch ich war mal jung, mutterlos und ohne Freunde. Ich weiß, wie man sich da fühlt. Ich könnte diesem Frischling einiges beibringen, wenn er nur zuhören würde.«

In diesem Stadium war Fred Silver zu beschäftigt, um zu-

zuhören. Er geriet in Ekstase über die Wunder des Lebens draußen – Erde, Büsche, Bäume, Gras, Wasser, Blätter. Tage- und wochenlang war er damit beschäftigt, zu erforschen und zu entdecken.

Als er das Gefühl hatte, mit der Geographie, den Pflanzen und dem Tierleben vertraut zu sein, beruhigte er sich ein wenig. Und dann begann er Katys Rat und größeres Wissen zu akzeptieren. Die beiden wurden enge Freunde, ein merkwürdiges Paar aus ehemaligen Heimatlosen.

Nachts wurde Fred Silver in ein Zimmer neben Katy eingeschlossen, wo er sein Abendessen bekam. Ich hielt ihn für zu klein und zu unerfahren, um in der Dunkelheit herumzulaufen und zum Katzenfenster hinaus- und hereinzuspringen. Er würde völlig frei sein, wenn er etwas älter und größer wäre. In der Zwischenzeit schlief er auf der Heizung neben dem Fenster, wo er es gemütlich hatte. Ich ließ ihn im selben Moment hinaus, in dem ich Katys Tür öffnete.

Komischerweise entstand gleichzeitig eine andere, unwahrscheinliche Freundschaft. Lily entwickelte ausgerechnet zu Billy eine Beziehung, zu dem Hund, vor dem sie früher so große Angst gehabt hatte.

Fred Silver hatte versucht, sich ihr zu nähern, hatte herausfordernd vor ihr herumgetanzt und war herumstolziert, doch Lily hatte nur mit einem kalten »We are not amused« reagiert, und Fred Silver besaß soviel Vernunft, sie in Ruhe zu lassen.

Doch Billy kam und streckte sich neben ihr aus, wenn sie in der Sonne unter dem offenen Fenster lag. Lily akzeptierte ihn. Sie sah tatsächlich so aus, als genieße sie seine Gesellschaft. Ich dachte, daß ich den sanften Billy ermutigen würde, Lily oft zu besuchen – eine Lösung für ihre Einsamkeit.

Fred Silver begann Katys Rat anzunehmen, und die zwei wurden enge Freunde.

Sobald Fred Silver das ganze Ausmaß der aufregenden Unterhaltung begriffen hatte, die draußen zu finden war, war er nicht mehr interessiert daran, Bällen und Brotstücken auf den gefliesten Böden des Wohnzimmers und Eßzimmers im Haus hinterherzujagen. Wenn ich ihm die Kruste eines Brotlaibs anbot, das er früher mit Vergnügen herumgeschoben hätte, lehnte er es jetzt verächtlich ab.

»Als ich ein Mann wurde, ließ ich Kindersachen hinter mir«, schien er zu sagen.

Die Topfpflanzen seufzten vor Erleichterung auf. Die, die durch seine Aufmerksamkeiten nicht zu sehr in Mitleidenschaft gezogen waren, begannen wieder zu wachsen.

Dann brachte Sugar, die Katzendiana, eine Maus herein, die

sie im Garten gefangen und getötet hatte. Sie ließ sie im Eßzimmer liegen, wo Fred Silver sie fand. Er war ungeheuer aufgeregt. Ich konnte erkennen, daß er so tat, als ob sie noch am Leben wäre.
Er hatte sich selbst tatsächlich davon überzeugt, daß dies eine lebendige Maus sei, und machte sich daran, sie zu töten. Es folgte eine lange Vorführung eines Rituals aus Sprüngen und Tanzen, bei dem er die Maus in die Luft warf, wieder auffing, sie eine Zeitlang liegenließ, sich sodann wieder auf sie stürzte und sie noch einmal in die Luft schmiß. Am Ende behauptete er stolz, er habe sie getötet, ganz allein, er, eine kleine Katze und eine ziemlich große Maus, seine erste, ob ich nicht glaubte, daß er sehr schlau sei?
Das tat ich. Ich beglückwünschte ihn und erlaubte ihm, die verstümmelten Überreste mit in sein Zimmer zu nehmen, wo er sich schlafen legte.

43

Ödipus war drei Tage lang fort gewesen. In der Nacht glaubte ich im Halbschlaf, ihn rufen zu hören. Doch als ich erwachte, merkte ich, daß der Schrei von einer fremden Katze ausgestoßen worden war, die auf der Terrasse herumwanderte und rief, wie Ödipus es so oft tat, in der Hoffnung, einen Gefährten zu finden.
Ruhelos ging ich nach unten, öffnete die Küchentüren, blickte in den mondbeschienenen Garten hinaus und kehrte schließlich in mein Bett zurück.
Ich schlief, und als ich wieder aufwachte, graute der Morgen – oder vielmehr ging die Sonne auf. Die ersten blassen, staubigen Sonnenstrahlen lagen auf den Steinen der Terrasse und auf dem Gras.
Der Himmel war bedeckt mit einer feinen Schicht Schäfchenwolken, die dahinschmelzen würden, sobald die Sonne höhergestiegen war. Und während ich über meinen ruhigen Garten blickte, erinnerte ich mich an einen anderen Morgen in Ägypten auf Gezira, der Insel im Nil.
Ich war spazierengegangen, bevor die Hitze des Tages einsetzte. Plötzlich sah ich durch die nebelverhangenen Bäume die arabischen Arbeiter vom Fluß her kommen; sie trafen langsam ein, schweigend, wie biblische Geister, wie Schatten, in Turbanen und Gewändern, eingerahmt von Staub und

Sonnenlicht, und sie gingen barfuß in dem trockenen Dunst. Die Sonne stieg höher, und die Hitze schlug zu.
Hier in der Provence war der Tag mild und die Luft sauber, klar und hell. Der Himmel war blau und nicht blaßgrau, und die Vögel sangen.
Ich ging wieder nach unten und öffnete einmal mehr die Läden. Kurz bevor ich hinaus in die frische Morgenluft trat, sah ich Ödipus, der fest schlief. Er lag zusammengerollt auf dem Sofa im Eßzimmer neben Baby und Monsieur le Gris.
Eine große Welle der Erleichterung überflutete mich. Er gab ein leises Jammern von sich und bewegte sich leicht. Doch bevor ich ihn fütterte, ging ich leichten Herzens nach oben, um die Türen zu öffnen, zuerst die von Katys Zimmer und dann die von Fred Silver. Katy schlief noch unter dem Bett und rührte sich nicht, doch Fred Silver sprang aufgeregt von seinem Platz am Fenster herab – er war glänzender Laune – und eilte auf mich zu, um mich zu begrüßen. Sein Schnurren war wie ein dröhnender Trommelwirbel.
Er streckte sich selig von der Nase bis zur Schwanzspitze. Und ich konnte sehen, wie er dachte: »Noch ein wunderbarer Tag ...«
Er trabte die Treppe hinunter und lief durch die Küche. Ich folgte ihm.
Beim Katzenfenster blieb er stehen, streckte den Kopf hinaus und schnüffelte in die Luft. Er sah nach rechts und links, und dann flog er mit einem Satz davon in die Sonne, in die warme, ihn umarmende Luft seines ersten Sommers. Ödipus sprang von seinem Bett herab und forderte lautstark sein Frühstück, wobei er seinen beweglichen grauen Körper wieder und wieder um meine Beine wand. Schnell folgte seinem Beispiel der eifersüchtige le Gris, der um meine Aufmerksamkeit wetteiferte. Er warf mich fast um, während er versuchte, Ödipus

Mit einem Riesensatz sprang Fred Silver hinaus in den Sonnenschein seines ersten Sommers.

auszustechen, an meine Beine stieß und seinen starken Körper gegen mich lehnte. Die sanfte Baby kam leise aus ihrem Bett und stellte sich neben ihn. Dann erschien Hélène und ging zu Ödipus, um an seinem Fell zu schnüffeln und ihn zu beruhigen, und die elegante Sugar trippelte in die Küche. Katy erwachte aus ihrem späten Schlaf, lief die Treppe hinunter, erfaßte die Situation mit einem Blick und sprang sogleich aus dem Katzenfenster, um ihrem Feind, Monsieur le Gris, aus dem Weg zu gehen. Lily blieb natürlich in ihrem Boudoir, ruhig und würdevoll, doch hoffte sie mit einem Aufflackern nervöser Gier, daß ich bald ein Tablett mit ihrem Frühstück hinaufbringen würde.

So waren nun alle Katzen des Hauses da, außer Emilie, die ich kurz darauf beobachtete, wie sie erregt über einen Lavendelbusch auf der Terrasse spähte; sie wartete auf ihren Napf und wußte nicht, daß sie gleich von einem lebhaften Fred Silver überfallen werden sollte, der hinter einem anderen Busch auf der Lauer lag.

Doch sie wußte sehr gut, wie sie ihn verjagen konnte.

Fröhlich fütterte ich sie alle – neun Katzen, neun wundervolle Katzen –, lebendig und gesund versammelten sie sich an diesem blauen und goldenen Morgen, diesem strahlenden, sonnendurchfluteten Sommermorgen in der Provence.

Knaur

Lesen macht Spaß

(60219)

(60265)

(60382)

(01632)

(02915)

Hund und Katz

(82024)

(82061)

(82025)

(82078)

(76014)

(60382)

Lesen und Genießen

(60286)

(60216)

(60255)

(60237)

(89000)

(60074)